AF232432

PROJET

D'UNE CONSTITUTION

NATIONALE,

COMMERCIALE ET MONARCHIQUE.

PROJET

D'UNE

CONSTITUTION

NATIONALE,

COMMERCIALE ET MONARCHIQUE,

AVEC

Des observations et révélations de tous les abus, ainsi que de la confusion des lois, en faisant connaître le malaise général, et en donnant des garanties pour rétablir la confiance commerciale et la fabrication, en donnant des institutions qui assureront son avoir en circulation, et en même temps empêcheront qu'on ne porte atteinte ou qu'on ne s'empare de la fortune d'autrui ;

SUIVI

1° Du cautionnement héréditaire ; 2° de la formation d'une justice vérificatrice chargée de protéger l'industrie commerciale et la fabrication ; 3° de l'élection des députés commerçans ou fabricans ; 4° de la formation d'une garde nationale sédentaire et mobile ; 5° de la responsabilité des ministres et administrateurs irrévocables, si ce n'est par jugement ; 6° de la cour de justice suprême, ou chambre des pairs ; 7° de l'indépendance de la justice et de la police visible, nationale et industrielle.

PAR M. FRANZ.

ADRESSÉ

LE 10 MARS 1830, A M. L****,

POUR ÊTRE SOUMIS

A LA CHAMBRE DES DÉPUTÉS.

————————◦◦◦◦————————

PARIS.

CHEZ TOUS LES MARCHANDS DE NOUVEAUTÉS ;

L'AUTEUR, ROUTE ROYALE DE NEUILLY, N° 57, PRÈS PARIS.

1830.

AVERTISSEMENT AU PUBLIC.

Le désir d'obtenir les suffrages d'une grande partie du public, et surtout des amis de l'ordre et de la justice légale, m'engage à soumettre au jugement de la société industrielle et commerciale, un travail que je crois nécessaire aux hommes de quelque profession qu'ils soient. L'État et l'incertitude du commerce ont causés la ruine de tant de familles, que je me suis exclusivement occupé de chercher le remède à tant de maux. La difficulté que j'éprouve à m'exprimer comme étranger, me fait compter sur l'indulgence de mes lecteurs; ne voulant point déguiser mes sentimens, j'ai pu me servir d'expressions qui pourront blesser l'oreille susceptible du public, mais le but de ce travail lui fera connaître la pureté de mes intentions. Je me base sur les objets existans, sans gêner néanmoins la liberté de tout individu qui désire se livrer à l'industrie ou au commerce. Par ce système, il est assuré de ne rien donner au hasard, et de jouir des fruits de son travail. Le défaut de confiance et de certitude dans les opérations et les entraves judiciaires dans le commerce, m'ont engagé à faire un assemblage de toutes les idées qui se sont présentées à mon imagination, pour les mettre au jour quoiqu'imparfait, avec le chagrin de ne pouvoir mieux m'exprimer.

J'ai donc cru devoir le baser sur l'existence et l'ordre commercial, sans affaiblir les revenus de l'État, mais aussi d'assurer la fortune individuelle par un projet de constitution et justice vérificateur, représenté par de notables commerçans.

Ces bases sont :

1° Le capital des patentes à trois pour cent formant le cautionnement, sera héréditaire comme propriété, et sera une ressource pour les commerçans sur leurs propres fonds, et les intérêts de ce cautionnement leur paieront leur patente.

2° La justice vérificatrice qui au moyen de faibles droits à payer, leur donneront la faculté de garantir leur fortune, leur commerce et leur fabrication.

3° L'élection commerciale par laquelle tout individu patenté sera citoyen et électeur par le cautionnement, et même pourra être éligible en payant par son cautionnement trois cents francs de patente, qui, ajoutés aux droits de vérification, formeront le sens éligible.

4° La responsabilité des ministres et chefs administrateurs.

5° L'indépendance de la justice civile et commerciale.

PROJET
D'UNE CONSTITUTION

NATIONALE,

COMMERCIALE ET MONARCHIQUE.

OBSERVATION PRÉPARATOIRE
Sur le cautionnement commercial et de fabrication.

Tout propriétaire d'un cautionnement, et payant patente, doit être garde national, ainsi que tous les propriétaires fonciers.

Le cautionnement commercial, par la formation des bureaux des vérifications, sont des garanties qui remplaceront les jugemens tortueux des arbitres de commerce, sous cette influence de la police politique et sans sûreté commerciale des droits des fabrications.

Par le cautionnement et les vérifications, vous formerez une caisse d'escompte et une banque nationale et commerciale qui feront le produit par an de plus de trois cent cinquante millions, avec lesquels vous formerez la base du remboursement de la dette nationale.

Nulle rente, à l'avenir, ne pourra être créée sur l'État par reconnaissance particulière ni ministérielle, ni même par le conseil du roi.

Les revenus des vérifications à payer par le droit pour la fabrication, ainsi que le trésor national d'escompte, donneront les moyens au roi, par leurs revenus énormes, de faire fleurir les établissemens publics, ainsi que les services rendus.

Les cautionnemens commerciaux et les revenus des bureaux des vérifications serviront pour racheter la dette du gouvernement, et chaque fabricant cautionné touchera la rente, qui lui servira pour le paiement de sa patente. On fixera de cette manière le cours des effets publics au remboursement par numéro de leur création, suivant la vente faite par le gouvernement, et ceux qui seront reconnus nationaux par les représentans de la nation ; on cotera à trois du cent la rente du montant payée par le cautionnement, et de cette manière on amortira la dette, et on facilitera la caisse d'escompte à cinq ou six du cent dans ses opérations. Ce cautionnement devient et doit être propriété héréditaire.

Le cautionnement de deux ou trois états réunis, fabricans ou commerçans donnera le droit d'électeur, et quatre cautionnemens ou quatre patentes, le droit d'être élu député, et un seul cautionnement ou une seule patente, celui de garde national, qui formera le droit de citoyen.

Le cautionnement, étant une propriété héréditaire, doit être remboursable à la famille ou au successeur du cautionné après décès ou cessation de commerce. Ce moyen est le seul capable de soutenir l'industrie, qui est menacée de sa ruine par la trop grande concurrence des établissemens de fabricans sans vérification des droits et par les acapareurs de la dette du gouvernement qui retirent tout l'argent du commerce.

Par le moyen du cautionnement, vous intéresserez chaque citoyen ; vous assurerez le fruit de ses travaux ; vous encouragerez la jeunesse et les bonnes mœurs, que la religion même ne peut ramener par le souvenir des égaremens de ses ministres.

Suite funeste de la non stabilité des établissemens et principale cause des banqueroutes.

La non stabilité des établissemens est la démoralisation civile et le vice national d'un gouvernement représentatif par les députés territoriaux et non commerçans.

Pour relever le nombre des élections de la première classe des propriétaires électeurs, et pour s'assurer de leur nationalité, il faut réparer le vice de l'imperfection des contributions, il faut ôter le fléau au commerçant et au fabricant du dixième du loyer, et le mettre à la charge du propriétaire. Ce dixième est remplacé par le droit à payer de fabrication, par la sûreté de son avoir et par la dotation de la caisse de garantie.

Ce dixième du loyer pour la ville capitale ou pour le commerçant en loyer dans les grandes villes, est le foyer de l'intrigue et de la fraude des propriétaires. En agissant ainsi, on soutiendra les intérêts de tous les contribuables.

Un propriétaire ne paie à proportion pas la moitié de ce que paie la classe patentée des commerçans ou fabricans en boutiques ou ayant des ateliers pour la fabrication des produits et métaux, aux impositions indirectes, auxquelles il paie quelquefois plus qu'un député, tandis qu'il n'est pas même électeur.

Il est donc nécessaire de vous dire qu'un propriétaire, pour faire subir une augmentation de deux ou trois cents francs pour une boutique ou un établissement, fait valoir sa générosité du dixième du loyer.

Il est de fait que pour vingt francs qu'il épargne au locataire, et dont il n'a pas fait la déclaration, il lui fait subir une augmentation de deux ou trois cents francs et plus pour une boutique ou un établissement que le commerçant ou l'ouvrier a embelli. Aussitôt que le propriétaire voit que son locataire y fait ses affaires et qu'il demande un bail, il a la dureté de le lui refuser s'il ne consent à subir une augmentation égale aux bénéfices qu'il a pu faire chaque année.

Mais si, par malheur, le commerçant en boutique succombe par des pertes imprévues au commencement d'une année ou d'un bail, le propriétaire, sans pitié, lui fait encore verser le total des contributions et le dixième du loyer, et même avec indemnité, sauf réclamations envers le bureau des contributions, qui deviennent inutiles si le commerçant ne peut se rétablir.

Le propriétaire était peut-être l'auteur de la perte du commerçant par ses vexations, par les menaces du congé, par un bail de trois, six, neuf années, toujours augmenté à chaque époque si le commerçant fait ses affaires. Ce qui cause encore son découragement, et par suite sa ruine totale, est la contrainte où il se trouve de déplacer sa boutique ou son atelier, tandis que le rentier et l'agioteur, dans l'ombre ou au cinquième étage, peuvent satisfaire leur cupidité, n'ayant pas d'impôts à payer.

On a vu le propriétaire menacer son locataire de l'augmentation dès les premières années de son bail de trois, six ou neuf années, après que celui-ci a fait pour quatre mille francs et plus de dépenses dans sa boutique. Par le funeste système des propriétaires que le locataire ne peut louer ou céder sans leur volonté, ils font leur esclave de l'homme d'industrie, vieilli quelquefois par dix ou quinze années de perfection ; le fruit de ses recharges est vendu à l'enchère, et, par des circonstances, le locataire fabricant est obligé de quitter avant l'expiration du bail une boutique dans laquelle il a fait des dépenses utiles qui, ne satisfaisant pas le propriétaire, lui fait encore subir la perte d'un an de loyer pour résilier le bail.

On voit même des propriétaires s'opposer à la vente d'un fonds qu'un locataire cherche à céder pour cause de mauvaise santé ou autrement, si le vendeur ne consent à leur donner une somme au-dessus de celle qu'il espère en retirer.

Qu'arrive-t-il alors?... que le locataire n'a travaillé que pour engraisser son propriétaire et s'est inévitablement ruiné.

Le plus souvent, par la faute du propriétaire qui a fait subir des augmentations considérables au locataire et l'a contraint par cette raison à se faire donner congé, les locations, sur lesquelles il a reçu trois ou six mois d'avance, deviennent vacantes, il fait alors des réclamations au cadastre pour se faire diminuer le prix de ses impositions et se voit par là indemnisé des deux côtés, 1° par la diminution des impositions qu'il a obtenue, 2° par un long bail, toujours à son avantage, c'est-à-dire de trois, six ou neuf années, souvent augmenté à chaque époque.

Les assemblées commerciales sous la vérification devront avoir le droit de se joindre aux contrôleurs des arrondissemens pour se charger des locations, aussitôt l'indemnité accordée, seul moyen de faire la balance du locataire et du propriétaire, par la location affichée sous sa direction par arrondissement dans le bureau de vérification. Quant aux établissemens commerciaux et de fabrication en boutique non loués par la faute du propriétaire, sans autre cause que d'avoir donné congé par suite d'augmentation, qu'il soit forcé de payer les impôts et le dixième du loyer. Car peu lui importe que le locataire sorti n'ait pas fait ses affaires par la surcharge de loyer, celui qui reprendra garnira l'établissement de meubles et de marchandises au-delà du prix de la location, paiera en outre six mois d'avance et subira par suite des augmentations à cause de la concurrence, sans responsabilité commerciale ni droits de fabrication. Quand même le nouveau locataire ferait banqueroute, le propriétaire, que la loi favorise toujours, est le premier payé sur les marchandises que la confiance du crédit public d'un marchand ou fabricant a déposées quelques jours auparavant et qui sont vendues par la justice commerciale. Aussi peu importe au propriétaire que sa maison soit fermée par droit de justice ou par les lois de commerce, cela ne fait qu'augmenter ses revenus, car les dépenses faites pour les embellissemens lui restent, ainsi que le prix de sa location payée pour tout le temps du procès ou des arrangemens judiciaires.

Le propriétaire a encore le droit de faire les réparations locatives après avoir loué les boutiques ou ateliers, sans que le locataire puisse demander d'indemnité.

Il serait à désirer que le fonds d'établissement formé par le commerçant et surtout le fabricant ne pût être remplacé par la même profession, sans que le quittant fût indemnisé de son fonds d'établissement que le propriétaire a vendu au plus offrant, s'il voit que le commerçant fait ses affaires, par ses pots de vin ou des épingles, qui sont des priviléges du propriétaire et la ruine du fabricant-commerçant; que le propriétaire ne pût louer au même état, sans avoir remboursé le fonds et le cautionnement comme tous les états que vous avez privilégiés.

Il fut un temps où la division des sociétés existait par des prérogatives nationales que des hommes ennoblis par le fruit du travail et de leur industrie ont honoré. Mais l'industrie une fois avilie par l'intrigue, on a trouvé que la fortune de certains hommes ne pourrait se soutenir sous la liberté. Ils ont formé le gouvernement représentatif des propriétaires et des gens d'étude ; ils se sont formés en corporation et se sont affiliés au pouvoir, pour vivre sous l'intrigue des lois et aux dépens de l'industrie du fabricant et du commerçant, et ils se sont réservé le droit, sous la liberté, de pouvoir exploiter ou de faire exploiter sans droit et garantie, le droit de faire fabriquer, sous le manteau de la liberté civile et par des lois de distinction, comme non commerçans, ils se couvrent du bouclier de la loi ; en sorte que leur signature est garantie de la prise de corps par ces mêmes lois commerciales.

Le cautionnement par la vérification sera même une administration sociétaire contre cette société des propriétaires, à qui aujourd'hui leurs maisons étant assurées, il importe peu que les cheminées ou autres constructions fassent la sûreté des locataires, se voyant soutenus par ce Code civil, fait par des hommes qui avaient oublié que le fondement d'un empire doit être basé sur le Code de commerce, par la sûreté et la stabilité de leur avoir ; il est donc à désirer que cette affiliation devienne un apanage du trône. Comme caisse bienfaisante, cette rétribution médiocre, semblable à celle de la fabrication, à tant du cent, sous la vérification, donnerait le moyen au chef de l'État de faire des actes de justice et d'humanité contre cette société d'administration de la garantie d'incendie, formée en gouvernement ministériel sous la loi. Il leur faut des avocats, des notaires et des agens de toute sorte, pour trouver le moyen de consommer les revenus énormes, pour balancer leur budget avec la dépense, quand même la chicane ou les procès-verbaux les plus raffinés devraient venir à leur secours pour justifier le dépouillement de leurs partages et assurer le

placement des sommes énormes de leur cautionnement,
et leur capital toujours disponible, dont ils touchent les
intérêts, bien que quelquefois ils ne l'aient pas déposé ;
de se retirer de leur charge ou de leur place, si le danger et les circonstances mettaient en discussion ces événemens malheureux, suivant ce même Code civil, qui
de droit les assure contre tous ces événemens, et laisse
tous les locataires responsables envers eux, quand même
la principale cause du dégât provient de l'indifférence des
propriétaires.

Il est donc nécessaire de tracer un aperçu du temps
passé, de la justice commerciale, où bien des honnêtes
gens ont été le jouet du malheur et de l'injustice, parce
que le pouvoir n'a pas été national.

Tout gouvernement composé de deux classes distinc-
tes, le civil et le commerce, doit reconnaître que le
pouvoir du commerce et sa prospérité sont le fondement
d'un grand empire ; c'est pourquoi il ne faut pas séparer,
dans les lois civiles, le propriétaire du commerçant pour
les droits de poursuites et pour la représentation nationale.

Le Code du commerce est imparfait ; il doit être soumis à des assemblées nationales et commerciales, nom-
mées par les cautionnés, composées de bureaux de vérification et de garantie, dirigées suivant les vérifications
proposées, guidées par l'intérêt général, et indépen-
dantes comme les députés commerciaux, sans dépendre
aucunement de la police ; car, par des preuves convain-
cantes, les tribunaux, accoutumés d'avoir toujours, au
mépris des droits de l'ouvrier ou du fabricant, sur ques-
tion d'arbitres, nommé, en matière de contestation, des
hommes employés dans des bureaux de la chicane, sans
jamais avoir fait preuve d'une industrie créatrice, où des
hommes en place, des gardiens ou architectes des mo-

numens, qui dévorent quelquefois par les appointemens une partie de la somme que le budget de la dépense avait destinée pour les travaux et le paiement du salaire des ouvriers.

De plus, ces hommes sont nommés par les tribunaux, comme juges vérificateurs, pour les contestations qui s'élèvent entre les propriétaires et les locataires.

Cette secte, ou diminutif d'une justice, fait chez eux, et sous la protection de leur nomination, autant de tribunaux qu'il faut solder aux dépens des deux parties, et il y aura raison pour celui qui, par intrigue mercenaire ou par l'importance de sa personnalité, aura surpris ou corrompu la religion du juge, les vérificateurs nommés (je dis nommés par les fabricans), entrepreneurs de tous les états industriels, divisés ou réunis, mettraient fin à cette partialité qui déshonore la justice.

Le tribunal de commerce, sous le règne arbitraire, a déshonoré les organes de la loi par l'autorisation des banqueroutes, qui étaient et qui sont sous la protection de la loi. Par cette conduite, nous nous sommes attiré la haine et le mépris de la société, et peut-être la ruine de la confiance du gouvernement, toujours en vous disant : Ce sont les intérêts et revenus du gouvernement. Où sont donc ces intérêts et revenus énormes ? on ne les a jamais vus figurer dans le budget, tandis que l'on a vu considérablement de familles ruinées ou réduites à la plus grande misère par l'autorisation tacite des banqueroutes ; et sous cette hydre des deniers de l'État et de la fortune publique, on puise impunément dans toutes les poches du peuple ; ce qui deviendrait impossible par le cautionnement et les bureaux de vérification et de garantie ; vous ne verriez pas un homme, qui aurait payé ses dettes avec cinq ou dix du cent, se rétablir, ou devenir propriétaire ou rentier, et par son orgueil, sous la protection de la loi, humilier la classe indigente, qu'il a peut-être ruinée par ses propres forfaits. Les réformes que le gouvernement a faites dans les administrations sont une suite de lumières indiquées par les besoins et l'économie domestique. Que les réformes des abus dans les administrations commerciales soient donc celles de l'urgence d'une restauration nationale pour relever le crédit et la confiance générale ; que l'on forme des assemblées commerciales, ou chambre des commerçans de différens états réunis, qui seront expliquées dans la formation des bureaux des vérifications, jointes à celles du cautionnement, électif, commercial, où chaque membre aura le droit de soumettre ses observations par écrit ou de vive voix, et qu'il en soit donné lecture et connaissance le jour des assemblées, pour les prendre en considération et en délibérer.

Nul membre ou commerçant qui aura fait des plaintes ou observations ne pourra être inquiété par la justice, si toutefois il n'y a calomnie ni contre l'intérêt général, ni contre la dignité du souverain.

Le commerçant et le propriétaire sont les arbitres de la nation ; ce sont eux qui peuvent venir au secours de l'État, en lui donnant des assurances que tout citoyen doit acquérir par sa conduite, par son travail, et par les services rendus à l'État et à la nation.

Par le cautionnement des fabricans et commerçans vous établirez cette banque nationale (des fabricans et commerçans) pour les escomptes, garantie, augmentée et soutenue par les bureaux des vérifications établis dans tous les départemens pour les droits à payer, seul but de mes observations et seul moyen de faire le bonheur de l'honnête commerçant, et de relever la confiance et les bonnes mœurs.

Le cautionnement doit être héréditaire comme propriété ; par cela le cautionnement formera ce privilége national du droit de citoyen ; car toutes les nations se sont formées sous l'empire du commerce, et l'industrie, formée en droit de citoyen, a nationalisé les peuples, mais aussitôt que les gens à gages se sont emparés du pouvoir, la vertu s'est laissée étouffer, et le cri de la patrie n'a pu être entendu au moment du danger.

Nul gouvernement ne peut exister sans priviléges nationaux. Vous publiez la liberté du peuple, vous voudriez le rendre libre, mais libre comme le gibier dans les forêts, libre, mais dévoré de besoins ; le gouvernement a pu aveugler le vulgaire et l'endormir. Qui connaît le gouvernement sait qu'il est constitué sous la loi, et qu'il est une assemblée de priviléges, qu'il a son armée de braconniers comme des gardes de chasse ; il vous laisse faire, dans la belle saison de la jeunesse, vos récoltes, et vous attend, à l'automne, à l'âge avancé, quand vous serez courbé sous l'adversité pour vous rançonner et vous faire subir la loi du plus fort. Qui n'a point de fortune se trouve placé sous la verge arbitraire, et quelquefois à la merci de la cupidité des agens du gouvernement, qui ont oublié que la nation les nourrit à grands frais, et les soldats, défenseurs du trône et de la nation, qui sont des enfans de citoyens, sont souvent employés comme instrumens et licteurs de l'oppression.

Le gouvernement a des priviléges, depuis la chambre des pairs jusqu'à la dernière administration, il a ses attributions, et, pour vous gouverner comme des serfs, il a ses associés et donne des priviléges à tous les défenseurs de la loi, à des notaires, huissiers, agens de change, architectes des vérifications et à tous les états de la subsistance de l'homme et de la consommation publique pour vous faire haïr votre liberté, et venir, comme le gibier affamé sortant des forêts, tomber sous les coups meurtiers des braconniers, de ces corporations différentes, auxiliaires du pouvoir sous l'intrigue de la loi, seule combinée pour exploiter leurs intérêts sous la devise de liberté et de la terreur. C'est l'homme de l'industrie seul que l'on berne de cette liberté, rien de stable dans aucun des établissemens, les brevets d'inventions sont à l'enchère; au lieu d'être une récompense de l'industrie, ils deviennent, par les droits à payer, une spéculation usuraire du gouvernement, et l'homme en prospérité aujourd'hui ne peut assurer qu'il conservera, d'après les dilapidations de tous les intrigans, un morceau de pain dans le commerce; et sur le grand nombre de commerçans et fabricans, on ne peut, sur cent, compter cinquante fortunes, qui, étant sous la protection de la loi, n'aient fait tort à leur prochain. Vous qui prêchez que la liberté a poussé l'industrie à sa perfection, ce qui prouve que vous voudriez faire de cette liberté la licence : vous ne l'avez jamais connue. Vous voudriez la liberté si admirable pour satisfaire à vos projets, cette liberté anarchique du temps passé, sous laquelle un simple commissaire de police, un commis de bureau et même un mouchard, avait le droit, au nom de la loi, d'arracher la vertu à la liberté. Ce mot profane, ce mot de la loi, qui a rendu si hideuse la justice, les siècles futurs le mépriseront, et la postérité s'étonnera de la patience et de l'insouciance du peuple, car il est révoltant que l'homme de l'industrie, libre et cependant sans droits à lui, soit soumis et rongé par une secte d'homme de loi, avoués, huissiers et gens de justice, dont le principal talent est d'avoir appris par cœur et par étude, comme les enfans en bas âge, ce Grand et Petit-Albert, des lois de la chicane, et trop fainéans et trop incapables pour exercer une industrie, qui est le fruit du travail et du mérite, et les causes commerciales sont jugées par ces sectes que l'on peut nommer les sbires des agens du pouvoir; et quand l'honnête homme leur observe que cette cause ne devrait pas être de leur compétence; que tout acte de commerce, association, séparation, vente de fonds de commerce ou faillite, sont sous leur direction; que par des honoraires, des frais énormes, et notamment ceux de l'enregistrement, plus cruels et plus raffinés que ceux d'un gouvernement despotique, aucune fortune ne peut parvenir à la quatrième génération sans que l'héritier ou l'orphelin ne soit dépouillé, au point de rester quelquefois, même après avoir perdu son avoir, débiteur des frais, et que, pour les acquitter, les créanciers sont souvent obligés de se cotiser entre eux, ils vous répondent : le législateur l'a faite, cette loi, nous ne pouvons y rémédier. Que les lois du commerce sont criminelles par ce code! pour un vol, une conspiration ou un assassinat, vous punissez la complicité et la non-révélation; sous cet hydre des lois vous dépouillez, vous conspirez, vous assassinez, vous détruisez l'honnête homme et le ruinez par les frais, et toute cette conduite barbare est soutenue et exécutée par des hommes complices de ces lois faites dans leur intérêt. La vérification commerciale seule mettrait un frein à tout ce brigandage, dirigé sous le manteau des lois; que la loi de complicité les rende responsables, et que la vertu puisse reparaître dans sa blancheur, sous la direction des droits nationaux par la division de ce pouvoir, sous la direction des assemblées de commerçans et de fabricans, et des préposés des vérificateurs; par cela vous purgerez le commerce et la fabrication de manière que l'homme de grand talent, et ayant toute

sa pensée à son travail, ne sera plus l'esclave des intrigans et des escrocs, sans autre talent que la bassesse et
l'intrigue, et par le changement de demeure ou de nom,
ou même par un voyage de plusieurs années dans ce palais
de Sainte-Pélagie, où leur réputation n'est même pas
flétrie par la facilité qu'en sortant ils ont le droit de rentrer dans le commerce, et même des fabrications, sans
avoir besoin de représenter ni papiers, ni certificats, ni
passe-port, et même sans payer les droits et sans patentes.
La vérification et droit des ventes seuls mettraient fin à
cette surprise, à cette destruction du commerce, fléaux
des fabricans patentés. Mais elle ne doit pas être admi-
nistrative sous la police politique ; pour ne pas devenir
onéreuse, elle doit être sous la direction des électeurs
commerciaux, divisée par le cautionnement, et dirigée
par la chambre des députés commerciaux. Que le gouvernement fasse la balance de ce qu'il reçoit de chaque
espèce de produit et de chaque industrie, et il fera comme
un sage roi de Saxe, qui, pour que ses sujets ne soient pas
vexés par la clientelle des gens de bureaux administratifs,
leur accorde par branche de commerce le paiement en
totalité. Cette branche de commerce sous la vérification,
fera le dénombrement de ce qu'elle a à payer, suivant la
consommation ou le droit de fabrication, à tant du cent
par chaque individu, et le gouvernement n'aura pas ce
gouffre de sangsues à nourrir, et ne craindra pas d'être
obligé de doubler son apparence de force par l'audace,
et les citoyens commerçans, établis et patentés par cautionnement, et les fabricans, heureux d'acquérir des talens et de la conduite sous le règne des droits des citoyens,
seront en tout temps critique une ressource inépuisable
pour lui ; mais il ne doit pas se séparer de la nation industrielle, l'État aura ses revenus nets, et le trésor re-

cevra le total , tandis qu'il n'en reçoit pas la moitié.

Oui , la liberté indéfinie sans l'égalité des droits, a découragé les artistes, et il était temps que Bonaparte devînt consul pour former peu à peu l'édifice de la société sous son empire. Le décret mémorable de Berlin seul a été la pierre fondamentale de la prospérité de notre industrie, celle de l'Allemagne et de tout le continent. C'est la défense d'importations de toutes les marchandises fabriquées à l'étranger, qui a poussé et encouragé nos manufacturiers et fabricans de tous les états, de pouvoir hasarder avec sécurité d'introduire à grands frais toutes les machines de l'industrie, et pousser l'artiste au désir de l'invention ou de la perfection. Où en aurait été le fabricant qui aurait hasardé la moitié de sa fortune pour se procurer des mécaniques , pour pouvoir fabriquer au même prix que les Anglais? Il n'aurait eu d'autre résultat que ses mécaniques usées, et sa fortune aurait été épuisée. Par cette politique admirable des Anglais, qui de droit donne à tout manufacturier et fabricant pour toutes marchandises confectionnées et destinées à être exportées à l'étranger, la somme de vingt du cent, après vérification faite par les douanes, et pour soutenir la balance, fait payer à tous les étrangers qui voudraient tirer des marchandises non confectionnées de leur empire, jusqu'à trente et quarante du cent, pour anéantir le désir de fabriquer.

Vous criez que l'industrie formée en corporation ou cautionnement, viendrait insolemment demander le paiement d'une facture, et vous vendre cher ses talens ; c'est donc pourquoi je dis que la vérification ne peut exister sans le cautionnement.

Je crois plutôt que c'est l'avilissement de l'artiste que vous projetez sous ce manteau de la liberté ; vous voudriez que l'homme qui aurait sacrifié dix à quinze années de travail pour se perfectionner dans son état, et qui par l'âge et le désir de mieux faire, se serait établi, éprouvât toutes sortes d'humiliations et de besoins, devînt l'esclave et l'instrument de corruption de vos intrigans, et le jouet de vos valets, que vous rendez si souvent complices de vos rapines; et sans honte font faire antichambre, pendant six mois, à un entrepreneur, pour faire valoir vos fonds, sans pouvoir obtenir de parler au maître. Mais, pour terminer, c'est la mauvaise foi qui a toujours réclamé la liberté sans l'égalité des droits. Ces hommes, trop fainéans incapables d'apprendre un état, ou ont formé tous les états en corporation ; ceux qui peuvent être exploités par des gens de maison, ou des hommes en place, leur nombre a été fixé, et ces mêmes hommes, avec la liberté, jouissent du droit d'avoir chez eux des ouvriers de différens états pour fabriquer, et de se servir des ouvriers que les maîtres de ces différens états avaient perfectionnés, et pour cela, former ce nœud d'affiliation, en sorte que l'industrie avilie manquerait de bras sans l'aide des ouvriers étrangers qui, par cette émigration nous pourvoit en leur offrant la liberté, l'avenir de l'esclavage, qui est la démoralisation du peuple.

Ces hommes, en employant des ouvriers de différentes corporations, et ne payant qu'une patente et aucun cautionnement, en cherchant à s'agrandir et à faire beaucoup d'affaires, surprennent le crédit public, et paralysent la prospérité d'un grand nombre de pères de famille établis, fabricans et commerçans. Ces hommes, pour recouvrer les pertes qu'ils font journellement sur des ouvriers qu'il n'ont pas le talent nécessaire de conduire, n'auront que la ressource de la banqueroute. Le tribunal les aidera par d'insinuantes observations, pour sortir de ce bourbier, à ne payer que tant du cent, et l'homme médiocre, établi et ne connaissant que ses propres moyens, sera regardé comme indigne de protection, et toutes les pertes seront pour les fabricans et l'industrie, qui de confiance et par le besoin de vendre, ont fourni leurs marchandises et épuisé leur avoir. Souvent les créances des agioteurs et prêteurs d'argent et autres complices de ces banqueroutes, ne sont que pour figurer et obtenir la primauté en faveur du banqueroutier par des créances simulées, et en imposer aux autres créanciers réels.

Oui, c'est avec douleur que l'on voit des apprentis et même des ouvriers abandonner la carrière de l'industrie qu'ils avaient embrassée, pour se mettre domestiques ou valets, prévoyant et n'espérant pas pouvoir gagner assez pour se former un établissement stable. Par l'autorisation tacite des banqueroutes, la démoralisation et l'indifférence sont la suite de ce système de pouvoir faire un état et un commerce sans avoir déposé une garantie. Pour rétablir la morale et la confiance, des ouvriers ne devraient pas avoir le droit de travailler dans leur chambre pour des particuliers, sans payer de droits ni de patente, ni même pour des maîtres non commerçans, avec des marchandises qui ont été soustraites chez les maîtres où ils travaillaient, ou bien où ils ont travaillé à la journée ou aux pièces. Ces maîtres propriétaires deviennent les recéleurs de ces vols de confiance, en faisant travailler dans leur chambre des ouvriers non patentés. Par ce mauvais raisonnement, qu'il faut bien aider la jeunesse, vous coupez les ressources à l'État, et vous avilissez l'homme de l'industrie. Ah! combien vous agissez contre les principes les plus sages! Si, au détriment des racines d'un arbre en plein rapport, il se forme des rejetons, l'arbre périra, et vous n'aurez que des broussailles sauvages qui ne rapporteront rien et vous auront privé pendant plusieurs années d'un revenu certain. Au lieu de cela, suivez le système du pépiniériste, vous en aurez le choix et en plus grande quantité, et la facilité de les placer et replanter à propos, et vous pourrez jouir d'un prompt rapport, sans vous être privé du certain.

Les fabricans qui n'acquittent pas les droits de patente, et par la facilité qu'ils ont de faire banqueroute, pourront donner pour soixante-quinze f. ce qui leur revient à cent f., et, à la fin du compte, gagneront encore plus de cinquante pour cent, en ne payant que cinq, dix ou quinze et au plus vingt-cinq du cent à leurs créanciers. Si le débiteur offre cinquante du cent, il arrive quelquefois que le tribunal lui fait observer qu'il est trop généreux, et le prie de considérer ses facultés ; tandis que le talent sans intrigue ne pourra plus nourrir l'homme établi fabricant.

Ce n'est donc pas la liberté, mais l'égalité des droits constitutionnels de tous les hommes devant la justice, qui les forme à la gloire et qui donne le désir de bien faire ; c'est dans la justice, basée sur des lois et institutions salutaires qui divulguent l'intrigue et saisissent le coupable, que vous trouverez les moyens de relever la confiance et les bonnes mœurs. L'avantage de pouvoir dire que l'on est citoyen ne sera pas donné à tous les êtres, et même quelquefois au rebut de la société et aux intrigans : la conduite, la capacité, les talens, les bonnes mœurs et les services rendus à la patrie recevront seuls la récompense que tout homme doit pouvoir acquérir, et qui forme les grandes nations. Oui, ces prôneurs de constitutions, en détruisant l'alliance des sociétés par le pouvoir, ont détruit la liberté.

Sous l'intrigue de la liberté, il est prouvé que dans toutes les banqueroutes importantes, toutes les pertes sont pour le fabricant, qui n'a que son travail et son industrie, et qui entraîne quelquefois plus de deux cents pères de famille dans sa ruine ; et les lois de commerce protégent les faillites ! Quelquefois on voit ces mêmes hommes faire deux ou trois fois banqueroute et être l'instrument de ces prétendus revenus du gouvernement, mais aussi devenir la désolation du peuple. Oui, ces protégés de la loi, qui, quelquefois, deviennent assez riches par cette intrigue, quittent le commerce, en laissant des instructions à leurs successeurs ; et ceux-là rentrent dans la classe des gens comme il faut, où la fortune fait la vertu.

Les deux cents pères de famille, n'ayant que leur industrie et leur travail, paralysés dans leur petite fortune, se voient obligés d'arracher leurs enfans de l'école, et forcés, par les besoins pressans, de les mettre, dans leur tendre jeunesse, sous le joug du travail et de l'esclavage : ce sont ces malheureux, soupirant après la liberté, que les intrigans du pouvoir ont si souvent employés pour ébranler les trônes et les empires.

Par la constitution commerciale, vous n'aurez plus besoin d'entretenir, en temps de paix, d'autre armée que la garde nationale active, et par ce moyen vous détruirez le prétexte d'impositions énormes qui lèsent la nation, souvent plus malheureuse en temps de paix qu'en temps de guerre, et qui conduit souvent l'homme sur le chemin de l'ambition. Oui, ce mot de liberté a divisé les peuples et corrompu les mœurs, et il détruira l'édifice de la société, en compromettant la morale, première base de toutes les religions.

La liberté est un mot, et sous le manteau de cette liberté, sous le règne de l'anarchie, se sont élevés ces corps hideux (la police centrale), ces sections des frais et amendes, par jugemens provoqués quelquefois par des circonstances que les juges de paix et les commissaires des arrondissemens seuls devraient connaître. Oui, cette classe d'hommes, depuis le premier magistrat et agens du pouvoir jusqu'à ces défenseurs du droit de l'homme, en proclamant la liberté, ont, comme Cicéron, chanté les louanges des Césars, mais ils ont méconnu l'égalité.

Cette liberté, sans l'égalité, est semblable à ces bulles de savon dont s'amusent les enfans; oui, ces différentes corporations, jusqu'aux subsistances de l'homme, ils les ont su réunir à leur pouvoir et les former en corps politique; et, pour les rendre plus imposantes, l'on a formé un corps auxiliaire de mouchards, plus à craindre et plus audacieux que les juges; oui, ce corps hideux, sous l'habit de citoyens, sans marque distinctive, peut frapper à discrétion et à l'ombre de la loi ceux que la justice devrait protéger.

Oui, la nation doit être divisée en société, mais de manière qu'une société ne puisse exister sans l'autre; par cette division en société, on formera la liberté, qui doit être l'enfant de l'égalité et du droit de l'homme.

Vous mettez les vols de confiance au nombre des grands forfaits, et vous donnez tous les moyens de pouvoir abuser de la confiance; les lois et la justice sont exposées aux regards, mais il est défendu d'y toucher. Que de vols seraient découverts, si vous laissiez le pouvoir à celui qui est volé de faire une visite domiciliaire, sans lui imposer une déclaration en forme d'accusation quand il n'y a que soupçon, et qui devient quelquefois nuisible aux deux parties. Mais la justice ne serait pas satisfaite, et le greffe ne deviendrait plus un dépôt de vols, qui est dirigé souvent par des mouchards, quelquefois complices des voleurs, pour livrer, dans un temps ou dans un autre, les dépouilles au greffe, afin d'assurer les frais des procédures.

Vous qui vantez l'âge d'or, où l'on dormait, sans avoir besoin de fermer ses portes avec serrure et verroux, en ce temps, l'homme coupable n'aurait pas pu consommer son crime sans être puni par la société, qui se faisait justice elle-même par les droits sacrés de la nature ; mais aujourd'hui une secte, qui se nomme agent du pouvoir, a le droit, comme ces hordes de Vandales, de partager ses rapines.

Oui, cet infame esprit d'indépendance et de liberté a fait un véritable esclave de l'homme qui devrait être libre, et l'ouvrier, en bravant le maître, ne saisit souvent que le moment où il est pressé pour ne pas travailler, et force ce maître, poùr parvenir à livrer son ouvrage et pouvoir présenter son mémoire suivant l'engagement qu'il a fait, de prendre plus d'ouvriers qu'il n'en a vraiment besoin, de les payer au-dessus de ce qu'il peut payer, et par ce système cause sa ruine, tandis que ces ouvriers rôdent d'un cabaret à l'autre, le lundi, le mardi, et quelquefois jusqu'au jeudi. Et quand on leur représente que leur misère est la suite de cette conduite, ils répondent : les hôpitaux ne sont pas faits pour rien. Eh ! qui soutient ces hôpitaux ? ce sont les fabricans et marchands, par leurs patentes et les impositions indirectes.

Si on imposait à un ouvrier un sou par journée de travail, on parviendrait par la vérification à cette police d'arrondissement, de manière que le maître n'aurait pas besoin de demander un livret à son ouvrier, qui, ne pouvant le représenter, le quittera le jour même ou ne travaillera pas chez lui, disant je veux être libre, et pour remplir ses engagemens, le maître devient son esclave, et est forcé de ne point exiger son livret. Que l'on forme cette police d'arrondissement qui, toutes les semaines, ferait deux ou trois fois la visite dans les ateliers, et forcerait l'ouvrier de porter son livret chez le commissaire de l'industrie aussitôt qu'il entre dans un atelier. Le maître, par son livre de paie, fera voir les ouvriers qui remplissent leur devoir, et par ce moyen, on purgerait cette classe (pour la faire rentrer dans le sentier de la morale)', qui a toujours été le levier de toutes les révolutions politiques.

Base du projet du cautionnement commercial.

Nul individu ne pourra exercer un commerce sans avoir acquitté le droit de citoyen, et nul ne peut être fabricant et commerçant sans être patenté, ou avoir déposé à la caisse du cautionnement et de garantie une somme suivant la profession ou commerce qu'il indiquera vouloir exercer. Le montant devra être, selon la patente et le commerce, à raison de trois pour cent ; ce cautionnement ou patente lui donnera le droit de citoyen devant les tribunaux de commerce et les chambres des représentans du commerce.

Nul ne peut exercer un commerce et obtenir une patente sous le nom d'un autre, sans transaction ou permission du bureau de cautionnement de l'arrondissement ou département dans lequel il veut s'établir. Toute contravention sera punie du double de la patente, pour celui qui aura cédé ses droits à un ouvrier, pour fabriquer à son compte.

Tout citoyen commerçant, comme propriétaire d'un cautionnement par défaut de successeur direct, pourra vendre ou céder, de son vivant, son cautionnement, et l'acheteur ou l'héritier désigné, sera obligé de remplir les droits de citoyen.

Tout fabricant ou ouvrier français (ou étranger devenu citoyen par son habitation reconnue depuis plusieurs années en France) en payant sa patente selon l'état qu'il veut exercer, ainsi que les droits de fabrication, pourra, sous la surveillance de la vérification dont il sera parlé en son temps et suivant les réglemens, obtenir un délai de trois années pour déposer la totalité de son cautionnement : ce terme est de rigueur ; cependant il devra, à l'expiration de chacune de ces trois années, en déposer le tiers.

Le total du produit de tous les cautionnemens, sera versé, pour faire la caisse de garantie, au trésor national, et pour faciliter l'industrie, elle formera des caisses d'escompte de six du cent, sous la direction des vérificateurs du département et du domicile du fabricant.

Le montant du cautionnement une fois déposé, le commerçant-fabricant retirera sa commission, et touchera les revenus annuels de cette somme. Cette rente lui servira pour le paiement de sa patente.

Le cautionnement ne produira la première année que la moitié pour le trésor, et l'autre moitié sera prise pour les frais de l'administration. Toute transaction d'un cautionnement par succession ou vente, ne pourra demander d'autres frais que cet abandon.

Il est nécessaire, pour le fabricant et le manufacturier, que le cautionnement soit exigé pour chaque état à raison de trois pour cent, pour en former le total de sa patente.

Les mêmes formalités sont à remplir pour les ateliers de deux ou trois états, pour donner au fabricant des ressources par la caisse d'escompte et de garantie, formée par la vérification ; il lui sera ouvert un crédit proportionné au cautionnement qu'il aura déposé.

Pour les non-fabricans, tels que marchands en gros,

détaillans des commerces de six corps, magasins à prix fixe, et maisons de dépôt et commission, le cautionnement et le paiement de quatre patentes sont exigibles, pour assurer le crédit public, et pour la garantie de la confiance du fabricant. La vente comme marchand et non-fabricant, n'est pas sujette au droit de vérification.

Toute maison de commerce par association, sera tenue de payer autant de cautionnement qu'elle comportera d'associés.

Tout fabricant à façon ou aux pièces, travaillant chez lui ou à son compte, avec ou sans ouvriers, paiera patente de l'ouvrier à façon, et il sera soumis au livret, ne fournissant pas les marchandises premières.

Le total des cautionnemens de tout un royaume, formera le trésor national et commercial qui servira pour le rachat de la dette publique, après avoir été reconnu par les représentans nationaux.

L'administration générale, composée de douze membres pour Paris, formera un conseil pour nommer un caissier responsable, qui fera le versement dans la banque de l'industrie française, et qui sera tenu d'avoir un compte courant, faisant mention des versemens de tous les cautionnemens, par année. Les fonds resteront disponibles dans chaque département, pour former la caisse de garantie et la banque d'escompte, ou racheter la dette de l'État.

Le conseil de douze membres se réunira une fois par mois pour vérifier le compte courant du caissier responsable, et faire la balance de tous les cautionnemens de chaque département.

Un conseil honoraire sera formé par les candidats de la nomination de la chambre des députés commerciaux, et les députés seront de droit membres du conseil.

La division du trésor départemental formé par le cautionnement sur la surveillance des députés de chaque département, formera des banques d'escompte pour faciliter l'industrie dans chaque département.

Les revenus de la banque d'escompte et de vérification de chaque département, formeront une caisse de garantie pour les secours commerciaux et fabrications, et contre la chute malheureuse des honnêtes commerçans, suscitée par des pertes imprévues, sur un dixième de ces revenus, ce qui formera une garantie mutuelle assurée à tout commerçant. Le paiement des employés et du conseil d'administration, ainsi que les frais des poursuites, seront aussi pris sur un second dixième.

Pour rétablir la confiance commerciale, et pour consolider la constitution nationale commerciale, le trésor du cautionnement et les revenus de la banque d'escompte et vérification seront chargés du rachat de la dette publique, d'établir des dépôts de vente de la fabrication nationale, de construire des canaux et une marine marchande ; car les accumulations des revenus dans la caisse des vérifications seraient nuisibles au commerce ; mais elles ne doivent être détournées que pour les embellissemens et l'utilité nationale.

En cas de guerre nationale, le souverain formera une demande par emprunt sur des fonds disponibles.

A la convocation des assemblées départementales, tout cautionné peut faire des observations sur la conduite des ministres ainsi que des préfets et de tous les agens du gouvernement, en cas de négligence ou partialité et prévarication, par le droit de pétition, sans pouvoir être inquiété par voie indirecte que celle de la chambre des députés.

Tout commerçant patenté ou propriétaire doit être

garde national : le droit d'une nation est le soutien du trône, et consiste dans sa force nationale.

Par cette manière, on formera une garde nationale de dix-huit à vingt-cinq ans, de quatre cent mille hommes, que l'on rendra active au besoin, et une autre sédentaire de six cent mille hommes, pris depuis vingt-cinq à cinquante ans, sans y comprendre l'armée tirée par la conscription en temps de guerre.

La garde nationale, dans une déclaration de guerre, équipera une armée, dans trois fois vingt-quatre heures, par le moyen d'une contribution, et en cédant son équipement aux défenseurs de la patrie, par la conscription.

Par l'institution nationale de l'industrie, le gouvernement pourra aussi, sans charger la nation, donner des récompenses honoraires et pécuniaires dans cette armée de garde nationale de l'industrie active, de dix-huit à vingt-cinq ans, et dans celle des gardes nationales sédentaires, de vingt-cinq à cinquante ans, par la formation d'états-majors indépendans de l'armée formée par la conscription, et qui donneront les moyens aux représentans du peuple et au gouvernement, de conserver en activité les hommes de grand mérite militaire, et feront l'orgueil national par les récompenses honoraires qui ne pourront être révoquées que par un jugement, et conserveront des défenseurs sous les drapeaux nationaux.

Cautionnement honoraire ou par récompense.

Les défenseurs de la patrie, par des services rendus en temps de guerre, par des actions de courage ou d'humanité, pourront acquérir le droit de commerce ; et le gouvernement, par l'organe de ces ministres, pourra leur faire délivrer, comme reconnaissance nationale, un acte de cautionnement par une pétition adressée aux députés des départemens, signée par les demandeurs pétitionnaires, et indiquant dans leur demande le lieu où ils veulent fixer leur établissement, pour empêcher la fraude des récompenses.

La chambre des députés ou la commission des pétitions, fera mention au procès-verbal que ledit cautionnement ne sera pas héréditaire et regardé comme don de reconnaissance. Les veuves seules auront le droit de continuation.

Quant au cautionnement par garantie ou d'un bailleur de fonds, le montant restera dans la caisse d'escompte, au bureau de la vérification, pour la garantie commerciale, jusqu'à ce qu'il ait acquitté son bailleur de fonds. Par cette institution, vous n'empêcherez pas un ouvrier ou artiste de quelque talent qu'il puisse être et sans fortune, de pouvoir prospérer et devenir citoyen. Par cela, vous verrez prêter la main par nos capitalistes à tout homme honnête doué de talent.

Certainement, l'homme honnête et de talent trouvera des ressources par cette caisse de garantie et d'escompte ; le bureau des vérifications formera une garantie pour celui qui avancerait ses fonds à un ouvrier pour devenir fabricant. Le remboursement des fonds des établissemens occupés par les mêmes états, doit être à l'avantage des créanciers. La même garantie doit s'observer pour des enfans délaissés, ou qui perdraient leurs parens, afin de leur donner les moyens de pouvoir continuer ou vendre leur établissement sous la conduite et la responsabilité de cette vérification d'un membre ou ouvrier nommé par eux, et sur la caisse de garantie mutuelle. Par cette institution, vous ne découragerez pas les meilleurs ouvriers, pour ne pas être quelquefois sous le commandement d'un homme sans capacité, sans autre talent que l'intrigue des lois de banqueroutes. L'ouvrier ou artiste une fois devenu maître, ne peut plus exploiter ses talens par lui seul, et se voit souvent enlever les fruits de ses travaux, et les meilleurs ouvriers qu'il a formés à ses dépens. Ses élèves, humiliés par la même cause, quittent la patrie qui les a formés, pour aller trouver des climats moitié sauvages, et emporter par cette cause funeste les arts et les talens qui faisaient la richesse de la patrie, et vous laisser l'intrigant pour remplacer l'homme de talent.

Observation préparatoire des bureaux de vérification ou justice commerciale, attenant et inséparable de la caisse de cautionnement et d'assurance du crédit public.

Les agens du pouvoir sous la liberté, prêchent contre les priviléges, nous allons leur faire connaître que les priviléges nationaux sont la contre-balance du gouvernement arbitraire, et la seule garantie de la vraie liberté contre les abus du pouvoir.

Par les bureaux de vérification et les caisses d'escomptes du cautionnement, vous formerez une banque nationale et le cautionnement commercial sera un privilége et une garantie où l'honnête homme commerçant et fabricant trouvera des ressources par des emprunts modérés dans cette caisse d'escompte, sans être sous la verge de l'intrigue, qui, par la hausse et la baisse de cette rente sur l'État, a fermé toutes les ressources au fabricant et à l'industrie.

Par la rente, le gouvernement paie sept et sept et demi pour cent, et le rentier a la faculté de jouir de l'agiotage de la hausse et de la baisse, et ses fonds sont toujours disponibles. Où est le fabricant qui trouvera de l'argent à six pour cent dans le commerce? Il n'en trouvera pas à moins de dix et douze du cent et avec des garanties. Le cautionnement remplacera les calculs ruineux et impolitiques de nos sophistes qui prétendent que la constitution de l'Angleterre donne la solidité à la monarchie et attache l'homme au gouvernement, par le reste de l'État.

Mais ils n'ont pas calculé que notre position et les ressources de nos colonies ne sont pas celles de l'Angleterre, et qu'un gouvernement tel que l'Angleterre est comme un vaisseau battu continuellement par les orages.

La rente est la source première du malaise du commerce et de la décadence de notre prospérité commerciale; plus le gouvernement fera d'efforts pour soutenir ce monopole gigantesque, fantôme qui doit disparaître au grand jour, plus je dirai que l'on forgera les fers et la perte du commerce.

Il est étonnant que l'on ait donné à cette rente le titre de crédit public, tandis qu'elle est une preuve de l'inconduite, des égaremens, de la prodigalité et de l'incapacité des agens du gouvernement, et la honte et la corruption du peuple.

Oui, la rente est le foyer du crime, où les hommes trouvent le moyen, après avoir fait banqueroute, de mettre leur fortune qu'ils ont usurpée en sûreté et de se garantir de la vue publique, par la protection des lois; oui, les hommes corrompus, les riches propriétaires et la classe souvent sans capacité, trouvent ainsi l'idole de leur adoration, et le gouvernement commet un faux suivant les lois sacrées de la légitimité en engageant la fortune publique de la nation en temps de paix.

Par cette création de rente, vous donnez le moyen aux agens du gouvernement de se produire des capitaux énormes et de saisir toutes les occasions de la vente des grandes propriétés pour les acheter et les donner à leur créature, et, par cela, former des majorats et créer des priviléges sous le titre de biens de l'État. Par cette rente, vous découragez les petits propriétaires qui restent impitoyablement sous la charge des contributions directes et indirectes et les engagez à vendre leurs petites propriétés, qui se rallieront à la grande, et qui trouveront le moyen de se soustraire aux impôts extraordinaires, et, par des places lucratives feront peser toutes les charges de l'État sur le commerce de l'industrie, l'homme de la petite propriété ou le cultivateur, cherchera aussi son salut dans cette rente pour placer son modique avoir ; au lieu d'être utile à la société, il grossira le ver rongeur de la nation, et, par ce moyen, le gouvernement s'attachera ces hommes capables de tout faire et de tout entreprendre hors le bien.

Ces hommes sans industrie, guidés par un intérêt dépendant seront toujours les vers rongeurs de la nation et les fléaux du gouvernement ; sans mœurs comme sans talent, ils seront les défenseurs des moyens extraordinaires dans la prospérité du gouvernement, mais insatiables comme inutiles dans l'adversité.

Le voleur de grands chemins comme l'homme couvert de sang trouve aussi, après s'être soustrait aux lois, à garantir son sort et cueillir le fruit de sa hardiesse et de sa témérité. Mais l'homme de l'industrie, obligé d'employer tous ses moyens pécuniers, ainsi que le crédit public, reste pour subir toutes les charges de l'État et des contributions directes et indirectes par la consommation et manutention des métaux et marchandises, et de toutes les nécessités de la fabrication en

France. La rente peut faire ses paiemens sur le revenu de son sol et de son commerce territorial, tandis qu'en Angleterre son commerce et ses colonies soutiennent la balance sur l'exportation des marchandises non confectionnées.

Le nombre des ambitieux qui occupent les places est si considérable, que bientôt les palais des rois ne seront plus assez vastes pour loger le nombre de leurs commis, et toujours on vous prêche que la prospérité est en France; que l'industrie est à sa dernière perfection, et l'artiste et les fabricans sont au désespoir! Les revenus de l'État s'améliorent et s'agrandissent, et notre force nationale et politique suffiront à notre défense, avec l'aide admirable de cette création des rentes.

Les commissionnaires ou les juifs modernes toujours avides de saisir le moment où les fabricans sont dans la gêne ne mettent point de bornes à leurs calculs ruineux, pour avoir les marchandises au-dessous du prix de fabrication.

L'ambition, par le moyen d'association, a écrasé l'homme qui n'avait que sa fortune à exposer.

Combien de fois vous avez vu une société faire banqueroute et se rétablir sous le nom d'un associé qui était resté derrière le rideau!

Par le cautionnement et vérification, vous ne verrez pas ces calculs ruineux et hasardeux de nos grands armateurs commissionnaires et entrepreneurs, surprendre la bonne foi du crédit. L'homme marchera à la fortune par le sentier de la certitude, et n'exposera pas la fortune d'autrui pour s'enrichir par les banqueroutes combinées de ces commerces hasardés qui ne se fient que sur l'apparence.

J'ai vu de ces hommes d'apparence n'avoir rien de réel : l'intrigue et les combinaisons étaient leur calcul et leur trésor.

Sous la conscience d'un notaire, on forgera un pacte pour éblouir la confiance. Si l'intrigant gagne, il remboursera son bailleur ou son complice, et avec son crédit pour faire sa maison il lui adressera ses billets.

Le bailleur de fonds étant remboursé, accepte ses billets. Pour se créer une fortune réelle, l'intrigant fera banqueroute et le prête-nom ou le bailleur remboursé, conserve, d'accord avec lui, ses titres pour en imposer aux autres créanciers.

De tels hommes, avant de commencer, ont déjà dans l'âme l'intention de faire du tort, et les voleurs de grands chemins en demandant la bourse ou la vie sont moins scélérats, car vous trouverez en eux de la générosité.

Ce banqueroutier paralyse votre prospérité future, et vous enlève même ce qui n'est pas à vous et ce que la confiance des traités vous a mis en dépôt; et vous, sans espérance, en perdant la confiance, vous faites porter le deuil quelquefois dans plusieurs familles.

Par les bureaux de vérification, vous ôterez aussi ce moyen de corruption à ces agens d'affaires qui écrasent de frais un honnête créancier qui manque un seul paiement sans lui donner le temps de se reconnaître.

S'il est honnête homme et qu'il demande leur protection, ils le rendront fripon ; s'il se trouve dans l'embarras, ils lui diront, pour sortir de ce bourbier, de ne pas altérer sa fortune, de suspendre tous ses paiemens et d'offrir tant du cent à ses créanciers.

Il leur faut donc des intrigans, et s'il n'en existe pas ils en feront.

Si l'homme contre lequel ils sont chargés de poursuivre est douteux, et que le poursuivant ne leur paraît pas offrir assez de garantie pour les couvrir de leurs frais, ils font les réconciliateurs. Même quelquefois, après avoir reçu l'argent de la corruption, ils diront aux poursuivans, je ne vous engage point à poursuivre contre cet homme intrigant et coquin.

Les vérifications seules soutiendront l'homme de l'industrie, lui montrant le chemin de la vertu pour marcher à la fortune et l'empêcheront de hasarder son avoir et de compromettre celui d'autrui.

Oui, les bureaux des vérifications seront aussi la satisfaction du consommateur, s'il reçoit un mémoire ou une facture, où l'on à surpris sa bonne foi, la vérification sera forcée de lui justifier son incertitude.

Ce travail pourra même se former pour ne pas heurter l'esprit public comme l'incendie en garantie.

Sous la vérification, vous formerez par l'immense revenu, des dépôts nationaux par des marchés perpétuels, et nos manufactures ne seront plus sous la rapine déshonorante des commissionnaires; le vendeur, comme l'acheteur, trouvera des ressources inépuisables dans ses magasins et l'on pourra lui faire, le jour où il déposera ses marchandises, une avance d'un tiers ou de la moitié de leur valeur, ët à six du cent d'intérêt.

Les chefs et propriétaires des différentes fabriques autrefois habitant au sein de leurs ateliers, faisaient le délice d'un département ou d'un canton, mais sans sûreté commerciale dans les envois, ils se voient forcés de venir eux-mêmes au chef-lieu, centre de leur commerce, pour veiller à leurs intérêts et laissent la conduite de leurs travaux, à des agens et à des hommes d'affaires qui entraînent leur maître à des dépenses extraordinaires pour pouvoir figurer convenablement au sein de la capitale, centre de leurs affaires.

Protégez les fabricans en leur donnant les moyens d'avoir des lois et règlemens indépendant de la police politique.

Les agens du pouvoir qui voudraient faire du fabricant une classe de serfs et celle du bas peuple, ces hommes du pouvoir, qui osent souvent humilier l'industrie et la vertu cachées sous la misère s'abrevuent de la sueur de l'artisan.

Ces hommes, qui seront réunis par leur alliance mutuelle, et dirigés par l'institution générale et des règlemens formés par mairie ou section pour Paris, et dans les départemens par arrondissement, formeront une espèce de jurés de commerce, qui remplaceront ces jugemens arbitraires de syndics, où l'intrigue des lois éloigne si souvent la vérité de la connaissance des juges, qui, souvent guidés par la partialité, nomment des hommes qui n'ont d'autre pratique en industrie que de connaître les lois et la chicane.

Les vérifications remplaceront cette lenteur ruineuse des jugemens de commerce, et les dépenses des citations sans résultat devant un juge de paix, pour règlement ou contestation d'un mémoire, vous empêcherez de faire banqueroute ou de ruiner par les frais, l'homme qui sera plus souvent digne de considération, qui peut-être trouvera des ressources dans la vérification, par sa caisse de garantie. Les vérificateurs seront aussi les arbitres et les surveillans de nos dépôts d'industrie, comme la Halle aux draps, le dépôt des toiles, cuirs, et toutes les fabrications nationales et les productions du sol. La caisse de garantie donnera des ressources aux fabricans et aux agriculteurs, par des emprunts modernes, (sur son dépôt en vente, qui est par tour de rôle à l'enchère par la demande du propriétaire, le jour indiqué dans la feuille de commerce et les affiches commerciales de sa mise en vente) et ne sera pas rongée par les juifs commissionnaires; vous empêcherez aussi, par le timbre des bureaux de vérification, la fraude de nos marchandises et celle de l'étranger

Jamais un empire qui fera fabriquer pour pouvoir vendre au plus bas prix et sans garantie sociale, ne se formera et ne conservera la réputation que la politique chinoise a su conserver. La qualité des marchandises sera toujours recherchée par les nations les plus éloignées, car nous approchons du siècle, où l'on n'éblouit plus des peuples avec du clinquant. Il y a tel pays où la liberté de commerce est exploitée sans vérification en fabrication, qui ne peut plus se flatter d'avoir de fabriques en réputation.

Par les bureaux de vérification, vous pouvez établir le système des comptoirs anglais, dans les Indes et ailleurs, et qui seront accueillis par les nations les plus éloignées vu qu'elles formeront leur sûreté mutuelle.

Ils pourront même remplacer ces ambassadeurs, qui, de bien loin ne s'occupent quelquefois que des tons de cour et des grimaces de l'étiquette ou des fêtes du gouvernement, ou quelquefois par une opulence dépravée blessent la délicatesse du souverain du pays. Les bureaux de vérification vous feront connaître la manière de tirer des avantages des produits du sol, et de soutenir la bonne foi, par la sûreté de nos lois. Ils seront aussi les syndics et les arbitres de la petite dette, qui souvent, pour les juges de nos tribunaux, ne mettent pas leur attention, et qui sont le fléau de la plus grande classe de la société et la douleur du peuple. C'est cette classe de commerçans et de fabricans qu'il faut mettre sous la protection de la loi, c'est à la vérification qu'il sera réservé de connaître la situation de l'honnête et modique commerçant.

Il arrive souvent que les frais des jugemens ce que l'on paie aux défenseurs, absorbent ou surpassent même la somme du demandeur. Par la vérification et par ses ressources propres, vous préserverez l'ouvrier artiste du désespoir, et vous ferez connaître l'intrigant partout où il sera.

Il est douloureux et il est notoire aussi que nos vastes établissemens de l'humanité, ainsi que nos maisons de retraite de la vieillesse, bâties et soutenues par le fruit et le produit de la nation industrielle et commerciale, ne profitent pas toujours à des malheureux pères de famille, qui n'ont pas pu se garantir des besoins de la vieillesse ; cela provient de ce que des ouvriers ou valets et serviteurs de maîtres particuliers non industrieux, obtiennent, par la recommandation des agens administratifs de ces maisons publiques et nationales, d'y être admis de préférence ; peut-être que ces protégés n'étaient que des prodigues, et ne vivaient que sur les dépenses de leur maître et sur des remises des fabricans-fournisseurs sans avoir jamais éprouvé les besoins ordinaires de la vie et le tourment de la garantie de leur commerce, pour soutenir leur famille et élever leur génération dans les bons principes, qui seuls forment une nation civilisée.

Les hommes en place sont comme les reptiles rampans, ils savent en imposer et obtenir par l'audace ce qu'ils ne pourraient se procurer par la vertu, cette vertu de la religion chrétienne que le divin législateur a transmise à ses apôtres et confirmée par le don du Saint-Esprit : Allez et prêchez l'Évangile, guérissez et secourez les infirmes et ceux qui sont accablés de souffrance.

Il faudrait que les hommes qui se dévouent à l'honneur de la religion fussent forcés de pratiquer la médecine, de se livrer à la connaissance des plantes, et à l'étude de la nature et du genre humain, par sections à Paris, et par cantons dans les provinces, et dépendissent de la justice rurale ou départementale, qu'ils fussent forcés, pour être admis à prêter serment, de secourir l'indigence spirituelle et corporelle, et de lui prodiguer à toute heure leurs bons offices, et de se transporter sur les lieux où leur devoir les oblige de se rendre.

Cela ferait plus de gloire à la religion, et lui acquerrait la renommée de la meilleure de toutes les religions, fondée sur l'espérance de l'avenir, et pratiquée par la charité et l'amour de son semblable.

Observation et base du projet des vérifications, formant la justice commerciale et la suite du cautionnement.

Tout fabricant cautionné et patenté doit jouir d'un crédit ouvert sur la caisse d'escompte suivant son cautionnement.

Tout fabricant à façon paiera la moitié de la patente exigée par l'industrie ou l'état qu'il exploite ; il sera soumis au livret comme l'ouvrier à façon, suivant sa patente, et ne pourra faire une vente ou commerce ouvert et direct comme fournisseur, et les ouvriers qu'il occupe devront être mentionnés dans sa patente. C'est cette classe de fabricans qui fait la ruine de l'industrie et de nos fabriques, et la perte de la confiance publique. Certains ouvriers travaillant chez des maîtres et ayant domicile, font des abus de confiance sur la liberté de travailler dans leur chambre sans en avoir le droit. C'est pourquoi nul ne doit pouvoir fournir et vendre sans patente, sans être exposé à la saisie des fabricans cautionnés.

Tout patenté par droit peut réclamer les trois ans accordés pour payer son cautionnement, en payant les droits et la patente à la vérification pour les mémoires et les factures.

Tout patenté par cautionnement retirera son brevet et les intérêts lui serviront pour le paiement de sa patente; il sera revêtu chaque année du visa du bureau des vérifications, et nulle poursuite ne sera à sa charge s'il s'est mis en règle envers le bureau de vérification et de garantie.

Tout patenté ne peut, sans avoir purgé son cautionnement, mettre des billets en circulation sans porter ce numéro de la vérification, et les billets doivent faire mention de la cause d'achat et de la date du règlement.

Tout billet fait ou reçu en paiement sur facture, avec le numéro de la vérification, sont admis à la caisse d'escompte et à la caisse de garantie commerciale.

Seront commencés tous les ans au premier janvier, les numéros de la vérification.

Tout commerçant doit avoir deux journaux, un pour l'achat, et un pour la vente, suivant le droit de vérification et pour sa garantie.

Aucun frais ne pourra être fait par la vérification, autre que ceux prescrits par le droit de vente, et de créancier aura la faculté par sa demande, d'être présent, ou de se faire représenter à la vérification de ses comptes.

Tout Français ou étranger doit être considéré comme étant commerçant ou propriétaire par ses effets souscrits, et doit être soumis à la vérification. La différence d'un billet à ordre à une lettre de change ne doit pas exister.

Nul fabricant ne peut présenter un mémoire portant numéro d'enregistrement, qui est de un franc pour un mémoire de cent francs, et de cinquante centimes par cent francs jusqu'à mille francs, et passé mille francs, à raison de vingt-cinq centimes les autres cent francs.

Toutes marchandises soumises au timbre pour constater le nom et la demeure des fabricans, paieront un droit de vente à la vérification, pour la sûreté des commerçans détaillans. Ces derniers, comme non fabricans, ne seront point soumis au droit pour les ventes au comptant.

Le timbre des billets doit être gratuit et porter le numéro du mémoire, ainsi que la date de la vérification, et les souscripteurs ne paieront point d'amende pour avoir fait des billets sur papier non timbré.

Si des contestations s'élèvent entre le débiteur et le fabricant, le mémoire sera soumis au jury de vérification, qui sera responsable du montant de la somme due; les frais fixes seront à la charge du fabricant, et les frais de poursuite à la charge du débiteur. La qualité des marchandises et la fabrication, donnent la différence au prix, et la contestation est levée par les vérificateurs. Les vérificateurs n'auront pas le droit de copier un mémoire en toute lettre sans le consentement des deux parties contractantes, et l'enregistrement se fera par numéro.

La vente au comptant et pour solde est valable pour la sûreté du débiteur.

Tout fabricant ou fournisseur à terme ne peut mettre en circulation les effets où billets , sans faire mention du numéro de la factuer.

Tout effet mis en circulation n'est remboursable qu'à l'époque de l'échéance. En cas qu'un fabricant ou commerçant mette en circulation plus d'effets que son cautionnement, il ne doit et ne peut être inquiété, ni repréhensible, en se conformant au droit de vérification par le nom et la date des réglemens ou travaux formant des billets.

Tout fabricant qui présentera un mémoire qui n'aura pas passé par la vérification , et sur lequel il s'élèvera des contestation entre le débiteur et le fournisseur, paiera le double du droit de vérification , qui sera supporté par les deux parties.

Tout débiteur appelé devant la justice vérificatrice est forcé de se présenter ou de se faire présenter, faute de quoi , il sera condamné par les vérificateurs, qui prendront des mesures promptes pour garantir le recouvrement.

Lorsqu'un fabricant ou débiteur commerçant sera en retard d'un paiement, les porteurs pourront se présenter à la vérification , pour faire constater s'il y a responsabilité pour garantir le montant.

Nulle association commerciale ne peut se faire sans en instruire le bureau d'arrondissement, qui déposera copie à la caisse d'escompte et du cautionnement, pour garantir le remboursement du montant du cautionnement comme propriété.

Lorsqu'un fabricant ou commerçant déclarera une

cessation de paiement et son cautionnement épuisé, la vérification sera forcée de se transporter chez lui, pour régler son avoir en effectif et en créance et pour rétablir la balance en présence du débiteur, et sans frais.

Aussitôt la balance établie, le créancier devient débiteur envers le bureau de vérification, et la caisse d'escompte et de garantie doit faire face à ce besoin, s'il est prouvé que cela ne provient ni de sa conduite, ni de sa non capacité. Il ne peut contracter de nouvelles dettes, et il est sous la tutelle du bureau des vérifications jusqu'à extinction de ses engagemens.

Le bureau de vérification, par sa banque d'escompte et de garantie, est chargé d'accélerer les rentrées de son avoir en circulation, et de couvrir les pertes imprévues sur un dixième, accordé à cet effet par la vérification et la caisse d'escompte.

La banqueroute doit être déclarée crime national, et celui qui s'en rend coupable, puni de bannissement de l'endroit ou du département où il a fait du tort, après vérification faite par des preuves de non capacité ou de mauvaise conduite.

Le banqueroutier frauduleux sera puni de la confiscation de ses biens, et au bannissement du royaume, et si clémence lui est accordée, il sera forcé de quitter le commerce et la fabrication, portera des marques distinctives sur ses habillemens, et sera sous la surveillance publique pendant plusieurs années.

La banqueroute frauduleuse sera presque impossible par les revenus du bureau des vérifications.

La formation de la caisse de garantie, soutenue et augmentée par la caisse d'escompte, pourra former la banque et le trésor national.

Tout cautionné commerçant ou propriétaire, a le droit de faire une vente en payant le simple droit de vente prescrit par la vérification, sans être sous la direction d'un huissier-priseur, il doit avoir le droit de se faire représenter par un ami ou un parent pour surveiller les objets mis en vente.

Pareil droit sera réservé à la vérification par la demande des parens, ou enfans en bas âge, en cas de mort, pour surveiller aux intérêts de la succession des commerçans.

Nul individu, sans cautionnement de commerce, ne peut faire une vente par affiche, sans payer les droits de vente et sans une autorisation du bureau de vérification de la compétence de l'objet fabriqué dudit arrondissement, suivant l'ordre du cautionnement du commerce.

Il y aura des affiches ou petits journaux commerciaux, au bureau de vérification, où tout commerçant et cautionné aura le droit de faire insérer sans frais, pendant deux jours par mois, tout ce qu'il a à vendre chez lui par tour de rôle et numéro.

L'insertion de la vente étant gratuite, l'abonnement du journal doit se payer comme tous les autres journaux.

Les objets non vendus par certificat de vérification, à la criée ou par affiche, ne sont pas soumis au droit de vente prescrit, n'ayant pas été portés à leur valeur.

Nul individu ne pourra se soustraire aux poursuites dirigées contre lui ; le tribunal civil ne doit pas avoir de droit en matière de commerce ou de fabrication.

Les propriétaires, les fonctionnaires publics et les hommes en place ne peuvent refuser le paiement d'une facture reconnue par la vérification, ni se soustraire aux poursuites, s'ils ont formé des engagemens par billets à ordre, ou reconnaissance, ou facture présentée, s'ils n'ont pas réclamé les articles de la vérification et du cautionnement.

La responsabilité des frais et poursuites, ainsi que le paiement des employés de chaque bureau vérificateur, doivent être fixés et pris sur le produit d'un dixième de revenu ; le reste de ce dixième formera la caisse d'épargne.

Cet article sera la vraie économie et la certitude des revenus réels, et l'empêchement de cet encombrement de bureaucratie.

Nul employé ne peut exercer le droit de commerce sans s'être conformé au droit du cautionnement.

Les frais faits pour billets et reconnaissances souscrits par un employé ou un individu non commerçant, sont à la charge de la caisse de garantie, pour purger les intrigans du commerce par surprise.

Les employés des vérifications ne pourront faire aucun commerce ni fabrication.

Nul homme en place ne pourra faire un commerce clandestin de commission industrielle et de fabrication, sans se voir jugé par le jury vérificateur de la branche de commerce qu'il a exercée ; il sera sous la saisie de la patente et amende, suivant la valeur du cautionnement. Par cela, vous ne verrez plus d'hommes en place, qui sont payés pour servir l'État, exploiter une industrie nuisible à la nation, et, sous le manteau de la liberté, trahir leurs devoirs pour devenir des cancers de la société. On voit ces mêmes hommes exploiter une industrie ou un commerce pendant quelques années, et, par un étalage de combinaisons, surprendre le crédit public, rentrer dans des places lucratives, et renier les créances qu'ils ont contractées comme commerçans ; c'est pourquoi celui qui achète et qui vend doit être sous les lois de commerce.

Chaque administration ou chef de bureau sera responsable du service qui lui est confié, et nul employé ne pourra entrer comme vérificateur qu'après s'être retiré du commerce et n'étant plus fabricant.

Le chef de chaque bureau rendra les employés responsables, par le paiement qu'il est chargé sur sa comptabilité, envers l'assemblée commerciale.

Nulle assemblée extraordinaire ne pourra se faire sous prétexte de modification, sans avoir fait la demande au tribunal de commerce et réclamé la présence d'un agent dudit tribunal.

Le chef de chaque département rendra compte à l'administration générale du cautionnement, sous la direction des députés, par la garantie de la banque nationale et départementale, inséparable des bureaux de vérification.

Le travail des employés est réglé suivant l'usage commercial de chaque departement; et pour que le service ne soit jamais interrompu, le chef de bureau d'un département ou d'un arrondissement aura un logement attenant à son bureau, comme receveur responsable.

Les vérificateurs auront le droit de saisir par leur attribution, sur la demande d'un contractant, contre les abus de confiance et du crédit public, sur des individus non commerçans ni fabricans par droit de patente, suivant la base du cautionnement.

Tout contrat ou engagement par signature doit être regardé comme un acte commercial, pour expulser du commerce la chicane et la mauvaise foi.

Les vérificateurs ne pourront retarder la vérification

d'une facture ou d'un mémoire, sans être responsables de la perte occasionée par le retard, si une plainte est portée contre eux. La perte occasionée par combinaison de nuire sera à la charge des vérificateurs ou du débiteur, et il est au choix des fournisseurs, fabricans, comme à celui du débiteur, de nommer un juré vérificateur dans un de ses confrères, et le jugement obtenu sera irrévocable, si le débiteur ou le demandeur ne s'est pas présenté ou fait représenter pour discuter ses intérêts.

Le débiteur peut réclamer, par la protection des vérifications, des époques de paiement sur facture, vu qu'elle est responsable, par la caisse de garantie.

Nul vérificateur ne pourra être nommé juré vérificateur aux assemblées des notables commerçans s'il n'a exercé un commerce ou une fabrication.

Le gouvernement a le droit de nommer un membre qui sera présent à des délibérations des droits et règlemens.

Les vérificateurs seront nommés par les notables fabricans et commerçans, et prêteront serment.

Le tribunal de commerce, recevra les rapports faits par la vérification sur des appels formés en opposition, pour y appliquer leur jugement en dernier ressort, sous la direction des arbitres vérificateurs.

Nulle personne qui n'a pas un domicile fixe, ne peut voyager hors les limites au-delà de seize lieues des frontières, sans avoir satisfait à la formalité des passe-ports.

Nul commerçant et citoyen, ne peut voyager sans passe-port, lequel lui doit être délivré de suite par le commissaire de l'arrondissement, sur la présentation de sa patente, par le droit de commerce et de son cautionnement.

La demande d'un passe-port doit être faite cinq jours d'avance, pour tout individu sans domicile fixe, et délivré par le commissaire de l'arrondissement où il a demeuré, si le demandeur peut présenter une imposition directe qui lui donne le droit de citoyen.

La demande du passe-port indiquant son départ, sera affichée pendant cinq jours, à la porte du commissaire de police et à la vérification de son arrondissement.

Si un créancier présente un mémoire ou une facture au bureau des passe-ports, le débiteur ne pourra en obtenir un qu'en produisant un certificat, constatant qu'il a satisfait à ses engagemens.

En cas de besoin urgent, un passe-port peut être délivré sur certificat de cautionnement de notables témoins.

Observation pour le commerce par correspondance.

Tout fabricant à qui l'on demande des envois en province, ou des provinces pour Paris et autres villes, peut les faire sans s'exposer. Il adressera ses marchandises au bureau de vérification du lieu du demandeur, et s'il n'y a point de vérification, il s'adressera au syndic comptable de l'endroit, qui doit lui répondre du commerçant demandeur. La justification du bureau de vérification de l'envoi pour les droits de fabrication, sera à l'avantage du commerçant demandeur ou débiteur, pour ne pas payer le droit de vente par la vérification comme non fabricant.

Si des contestations s'élevaient entre l'envoyeur et le receveur, sur la non-validité ou sur le prix des marchandises, le bureau de vérification du lieu sera forcé de constater au demandeur la vérité des faits. Les bureaux de vérification peuvent être chargés de recevoir le paiement du montant de l'envoi.

Les bureaux de vérification en pays étranger, forment une légation commerciale, et un tribunal de conciliation. Nulle vérification hors du royaume ne peut se former sans être garant l'un pour l'autre, sur l'admission des marchandises nationales et dépendant de la chambre des commerçans.

La fortune et la personne du vérificateur appartient à la nation, par les droits de la confiscation, comme fonctionnaire administrateur, jusqu'à ce qu'il ait rendu ses comptes, et un an après la cessation de ses fonctions.

Les marchands non fabricans, mais débitans, ne sont pas sujets à la vérification des ventes faites par eux, comme marchands cautionnés.

Les acquits des achats faits par le fabricant, sur vérification de facture, seront à l'avantage des marchands débiteurs.

Observations générales sur les vérifications fédératives.

Toute nation commerciale ne peut être divisée toutes les fois que les mêmes lois de l'empire en dirigent les différentes provinces, qui ne sont pas sous le même souverain, mais qui sont appelées indistinctement pour la défense de l'empire.

Une telle nation doit jouir de la liberté du commerce, sous les droits de vérification, et ne doit pas être sous le régime prohibitif colonial partial, et le système prohibitif colonial ne peut lui être applicable.

Le pouvoir d'un empire, divisé sous des souverains fédérés, détruit et détruira toujours l'esprit national,

qui est la cause des guerres étrangères , par les intérêts partiaux des agens de l'État contre les droits de la
nation.

*Élection commerciale des propriétaires par le cau-
tionnement, pour rendre le titre de citoyen honoraire
sans le rendre populaire.*

Pour former par ce même principe la base d'une lé-
gislation nationale, dirigée par le cautionnement comme
propriété, et par ce moyen, empêcher à tout agent du
gouvernement de pouvoir porter atteinte à la liberté individuelle et à la fortune publique, il faut nommer des
députés commerçans , élus par les électeurs cautionnés,
qui formeront la balance contre les lois et le pouvoir arbitraire.

Tout individu né Français ou habitant depuis un certain
nombre d'années en France, a droit au privilége national.
Le commerçant doit avoir voix d'électeur par le cautionnement , et peut être élu député commercial.

Les assemblées départementales et commerciales
d'industrie et de fabrication se réuniront un mois avant la
nomination des députés, pour y discuter les intérêts et
les besoins du département, et tout électeur cautionné
aura le droit d'être à la nomination directe. Pour faciliter
les arrondissemens, les électeurs qui ne pourront pas,
par leurs occupations, se présenter à l'assemblée départementale, pourront, suivant l'organisation de la garde
nationale, par le cautionnement et la vérification, charger
leur commandant de leur faire connaître le choix du député proposé, pour qu'ils puissent donner leurs voix et leurs
pétitions. Le président de chaque département sera nommé
par les chefs de l'ordre électoral ou par les représentans

es contribuables, et la nomination devra se faire tous
es ans.

Les frais des assemblées départementales et des dépu-
és, devront être supportés par le trésor du bureau de
vérification, et le paiement sera fixé suivant la faculté du
département.

Les époques des assemblées départementales pour la
nomination des députés ne pourront être retardées, ce
qui blesserait les droits de la nation.

Nul employé salarié du gouvernement n'aura le droit
d'être présenté comme candidat dans le département où
l exerce son emploi.

Le roi seul a le droit de convoquer les colléges avant
l'époque fixée, si le salut de la patrie l'exige; le roi peut
nommer un conseil exécutif près les chambres, pour la
vérification des lois et des besoins extraordinaires.

Les employés qui sont dépositaires des droits du souverain et de la nation, seront responsables, par corps,
d'une accusation portée contre eux pour dilapidation ad-
ministrative. La confiscation de leurs biens est applicable
jusqu'à ce qu'ils aient rendu leurs comptes.

Nul homme ne peut être élu député, s'il exerce dans
le royaume une place salariée du gouvernement, vu qu'il
ne peut servir la cause de la nation qui paie, et celle du
gouvernement de qui il reçoit.

La chambre des pairs nommés par le roi, est le pouvoir
royal, pour tenir la balance entre la chambre des députés.

Chaque département ou chef-lieu qui a le droit de
nommer un ou plusieurs députés, peut les nommer dans
ses assemblées nationales et commerciales.

Les députés revêtus de la confiance des électeurs, prêteront serment devant les colléges électoraux, de prendre
les intérêts de la nation et de la constitution, de défendre

la personne du roi qui est inviolable, et le droit du peuple contre le pouvoir et les aggressions des agens du pouvoir.

Aussitôt qu'un individu aura été élu représentant du peuple ou député, il lui sera accordé une indemnité sur la caisse d'escompte et du cautionnement, qui lui sera payée par le bureau des vérifications du département.

Avant de se rendre à la capitale, ils prendront les observations par la voix des électeurs qui ont le droit de les présenter par écrit; ils convoqueront l'assemblée du département avant leur départ, et leur feront de vive voix la lecture des pétitions qui sont dans l'intérêt du département.

Un mois après leur retour, les députés convoqueront les colléges qui les ont nommés, et leur feront part du résultat des délibérations de la chambre des députés, quoique les débats aient été publiés par les journaux. Par ce moyen, vous ferez disparaître ces débats d'un intérêt partial, et vous les forcerez à ne s'occuper que des intérêts de la patrie.

La lecture sera faite par les électeurs de l'assemblée, par numéro et sans distinction; les jours de réunion seront désignés et arrêtés par le président du collége, pour recevoir les observations de l'assemblée.

Le président sera responsable ou rendra les électeurs responsables si la pétition a été égarée, ou oubliée volontairement par les électeurs de l'assemblée.

Les pétitionnaires auront aussi le droit de pouvoir faire connaître et adresser leurs pétitions et observations directes à la chambre des députés, par la poste, et la date devra être inscrite dans le feuilleton des droits de pétition.

L'époque de l'ouverture de la chambre des députés devra être fixée, et le travail réglé; le président doit être élu par les députés des départemens, et aussitôt qu'il sera nommé, on demandera la sanction du roi; il ne pourra rester plus d'un an. Le président peut être réélu l'année suivante. ·

La chambre des députés doit être formée en bureau dans le délai de huit jours et la justification de leur nomination doit se faire au département par le préfet, et approuvée par le collége.

Le bureau de pétition doit être formé de suite, la première lecture se fera dans la première quinzaine ou dans le courant du premier mois, vu que la justification de leur nomination doit avoir été faite au département.

La première lecture des pétitions faite, les députés pourront en prendre copie et la discussion ne se fera qu'après que les ministres auront présenté leur compte.

Nul autre ministre que celui de l'intérieur, ne pourra assister à l'ouverture de la lecture des pétitions, car la présence de tous les ministres pourrait entraver les discussions de ces pétitions.

Nul ministre administratif ou de la dépense de l'État, ne pourra demander sa démission avant d'avoir rendu ses comptes.

A l'ouverture de la chambre, les ministres seront invités à déposer leur compte dans l'intervalle de la première lecture des pétitions, et produiront le classement de leur budget prochain, qui doit, dans une bonne administration, être tout prêt et se faire avec le compte de la dépense.

Toute demande, retard, et observation de la part des ministres, compromet leur responsabilité comme administrateurs des deniers publics.

Les ministres feront observer la même responsabilité envers leurs subalternes.

Les ministres ne pourront siéger dans la chambre des

députés qu'après leur compte rendu de l'année cou-
rante, et aussitôt leur compte rendu ils présenteront le
budget de l'année suivante qui devra être soumis à la
chambre des députés tout le temps que l'on sera aux
discussions des pétitions pour en prendre connaissance.

Après la discussion des pétitions, la commission qui
aura été nommée pour vérifier le budget, fera son rapport, et la discussion sera de suite ouverte pour que chaque député puisse faire ses observations.

Nul rente ou charge sur l'État, ne peut être créée sous
le titre d'emprunt ou engagement, sans avoir soumis les
pièces justificatives aux représentans des contribuables et
de la commission nommée par eux sanctionnée , par la
chambre des députés et presentée à la chambre des
pairs.

Sans cela, la création des rentes sera regardée comme
illégale et contre l'intérêt national.

En cas de guerre extraordinaire, l'assemblée pourvoira
aux besoins, par les impôts en activité, sans ôter la responsabilité des ministres.

S'il y a excédant dans les recettes sur les dépenses, le
surplus de la recette devra être destiné au rachat de la
dette nationale. Les revenus du cautionnement et la vérification commerciale de la banque d'escompte et les droits
de fabrication , serviront à diminuer la dette de l'État
ou à augmenter la caisse de garantie commerciale.

Le roi seul a le droit de faire un appel au peuple, en
cas de besoin extraordinaire avec l'assentiment des
chambres, qui seront tenues de motiver leur refus en
cas d'opposition.

Nul moyen pécunier ni secondaire de la force armée
ne doit être refusé en temps critique pour sauver l'État.

Par la responsabilité des ministres et des chambres, vous verrez disparaître cet esprit de parti et ces propositions et réglemens, seulement inventés pour détourner votre esprit et votre attention de l'intérêt général, et pour leur laisser moissonner la fortune publique.

Tout gouvernement arbitraire, sans responsabilité, est un fleuve inconstant qui ravage souvent les rives les mieux cultivées, pour jeter sur l'autre côté un banc de sable, que le temps et la main de l'industrie seuls peuvent faire disparaître. Mais aussi, plus d'une fois, un roi dictateur a sauvé la patrie par la constitution et les droits des citoyens.

Nulle aliénation de biens, ni impôts indirects, ne peuvent être accordés que sur une demande et une copie déposée aux archives de la présidence des colléges électoraux de chaque département et de chaque arrondissement.

Il doit y avoir un conseil de bourgeois (ou anciens notables) joint au président, pour prendre en considération et faire discuter par les électeurs toute demande d'impôt faite sur les propriétaires ou commerçans, et le temps de l'impôt sera fixé, pour ne pas devenir un privilége de droit.

Aucun salarié du gouvernement ne pourra faire partie de la chambre des députés ; car, si la majorité des chambres était composée d'hommes en place, il en résulterait que ces mêmes hommes voteraient des millions pour jouir d'une augmentation d'honoraires.

Il doit être défendu de critiquer ou de rappeler à l'ordre un député de département. Tout député a le droit de faire des observations à la tribune, soit par écrit ou autrement ; car les grands orateurs, par leur talent oratoire, obtiennent souvent la majorité des suffrages, et causent souvent la chute des empires et des républiques.

La Grèce s'attira la jalousie des Romains. Cicéron, long-temps défenseur des droits des Romains, en proclamant les vertus et la grandeur de César, créa par là le pouvoir absolu.

Le roi est inviolable, par la responsabilité des ministres , par leur nomination irrévocable , et par le droit de la nomination des employés publics, administratifs et judiciaires.

Le roi, comme chef suprême de l'État, fera les ordonnances et réglemens, exécutoires par ses ministres.

Seront soumises aux deux chambres législatives les lois proposées par le roi, ou par un député, ou par un citoyen particulier.

Nul ministre, administratif ou chef d'administration ne peut être destitué sans un jugement approuvé par la chambre des députés, sur une plainte faite par le roi ou par trois députés, pour dilapidation des deniers publics, ou pour trahison.

Le ministre de la guerre est seul susceptible d'un changement.

La chambre des pairs et le conseil des maréchaux formeront la cour de justice militaire et nationale.

Le roi seul a le droit de faire grâce , par son ministre de la justice, le plus beau titre d'un monarque.

Le roi a le droit de suspendre un ministre de ses fonctions , en accusant sa conduite non nationale ; mais il ne doit pouvoir destituer un ministre responsable et administrateur des revenus ou de la dépense de l'État, ni même provoquer son changement près la chambre des députés, sans le conseil des maréchaux de France et la chambre des pairs. Sans cela, les ministres, par l'intrigue des courtisans, perdraient cette indépendance si nécessaire à l'intimité qui doit exister entre le roi et la nation.

Nulle récompense d'un employé ne pourra être à la charge de l'État n'être créée sur les revenus publics.

Le traitement d'un ministre doit être magnifique, pour qu'il soit incorruptible.

Nul chef d'administration ni employé subalterne, reconnu par son talent, ne pourra être destitué sans lui en faire connaître la cause par un jugement administratif, approuvé par le jury d'un tribunal, sur l'accusation du conseil administratif.

Pareil droit sera à désirer pour former les jugemens militaires d'un conseil de guerre irrévocable et à vie, sous la direction des maréchaux et pairs de France.

Car, par cette variation des employés et administrateurs, sous le bon plaisir des agens du pouvoir et des courtisans, exécuté sans jugemens, il en résulte deux causes, qui sont deux fléaux pour la nation :

1° Les employés renvoyés par incapacité ont la jouissance des pensions et des traitemens sur l'État.

2° Les employés sans place, et renvoyés sans faveurs, augmentent les mécontens.

Ce système peut aller dans un gouvernement qui est dans la vigueur de ses propres ressources et sans dettes.

Cour de justice supréme ou chambre des pairs.

La chambre des pairs formant une cour de justice suprême est un pouvoir royal.

Elle doit être élective. L'élection doit appartenir au roi, être à vie et irrévocable pour établir la balance entre le roi et la nation ; car, 1° si vous la rendez élective et révocable par la volonté du roi, elle sera dépendante et sujette au caprice.

2° Si vous la rendez héréditaire, vous créerez une anarchie monarchique, qui formera une ligue, et pourra être en opposition contre le pouvoir royal et ramener ce temps déplorable des guerres civiles.

3° Si vous la rendez élective et irrévocable et non héréditaire, vous formerez cette barrière entre le trône et la nation.

Ils devront être les soutiens du souverain, les arbitres et les défenseurs du peuple et du trône.

Les princes royaux sont de droit pairs de France et du conseil des maréchaux. Tout propriétaire foncier, produisant plus de cinquante mille francs de revenus fonciers et purgés de toute hypothèque a le droit d'être pair de France.

Tout maréchal de France est de droit pair de France ; le commandement d'un maréchal de France, pour un corps d'armée actif, doit être volontaire après l'âge de cinquante ans.

Leur nomination est la récompense des services rendus à l'État, et la reconnaissance nationale doit les admettre à la retraite.

Le conseil des maréchaux formera cour de justice militaire ; ils doivent suivre l'armée de réserve ; ils seront responsables envers le souverain s'ils commandent en personne ; tous les rapports et toutes les plaintes de supérieurs doivent être jugés par le conseil des maréchaux et portés à la connaissance du ministre de la guerre, qui est responsable envers le roi seul, par sa nomination révocable.

Le roi est inviolable par le respect des droits nationaux.

Par la convocation de la chambre des députés, et par

la nomination de la chambre des pairs, qui forme la principale base du pouvoir royal par la responsabilité des ministres, et par ce pouvoir le roi est garant des droits sacrés de la nation.

Car il est nécessaire que le pouvoir du roi soit incorruptible, inviolable et non responsable.

Par cette garantie royale envers les chambres, vous donnerez le pouvoir et la force au roi de punir un ministre, un maréchal et pair de France, un officier ou un employé supérieur, que sans cet article, les flatteurs et les courtisans fléchiront la clémence du roi, par les prières, par considération et même par menace; le crime impuni reste odieux pour le peuple et compromet la dignité royale.

Le roi, par le droit de faire grâce, peut commuer la peine ou absoudre, et par là il engage à la reconnaissance.

Observations générales sur l'indépendance de la justice par sa responsabilité, sous la surveillance d'un tribunal de révision et d'une police visible, national et communal.

Le trône arbitraire, sans droit national, est placé dans une plaine riante, mais entourée de buissons, qui sont le séjour des serpens, qui rendent ce séjour inhabitable et impénétrable pour l'industrie et le mérite.

L'éclat de ses serpens et ses couleurs d'or et d'argent, à l'ardeur du soleil, font l'admiration et la terreur des spectateurs. Leur souffle est un commandement, et dressant leur tête altière, ils imposent au lion, le roi des animaux, et leur morçure est mortelle.

Ces animaux de terreur et d'admiration sont impuissans contre l'industrie ; toujours rampant dans des plaines riantes, une poignée de poussière les arrête dans leur course, et les rend des reptiles impuissans.

Tout souverain qui est le dépositaire des lois par la constitution du peuple, et qui devient dictateur par la faiblesse des représentans, ou par les organes de ses flatteurs, ne travaille plus pour sa prospérité ; il devient le jouet de leur ambition, et son pouvoir est dans ses courtisans, à qui il confie son sort, pour l'agrandissement de leur fortune.

Eux-mêmes, par la suite, maudissent ces pouvoirs et ces lois arbitraires dont ils étaient les organes, aussitôt qu'ils sont venus au but de leur prospérité.

Ils craindront la postérité et les malheurs inévitables dans des circonstances orageuses dont leurs enfans pourront devenir les victimes de ces pouvoirs défendus par le fanatisme et l'ignorance.

La perte de l'empereur est venue de cette source, parce qu'il n'a jamais rendu sa cause nationale par des droits nationaux. Il a rendu les organes de la nation trop riches, sans les rendre indépendans. On ne le servait que par intérêt, et l'homme de la nation était flétri.

L'homme, dans telle place que ce soit, depuis le ministre jusqu'au dernier buraliste, si l'ambition lui fait oublier ses devoirs envers la nation, est à craindre ; car le vil intérêt lui fait trahir son souverain, sous le pouvoir absolu, parce que son pouvoir n'est pas guidé par l'honneur de la nation, et il devient lui-même esclave, par reconnaissance des dons qu'on lui a prodigués.

Les chefs des gouvernemens sont souvent trompés par les flatteurs qui lui peignent les peuples comme l'océan orageux, à qui il faut opposer des moyens arbitraires.

Moyen utile contre l'impétuosité des orages populaires.

Malheur à tel ministre qui entraîne son souverain pour écraser les peuples, car la force d'un souverain doit consister dans la constitution nationale.

Il est donc nécessaire pour le bonheur du peuple et pour la grandeur du souverain, de lier ses intérêts avec ceux de la nation, et que ses mots profanes ne sortent plus de la bouche des hommes qui sont les organes de la loi. Quand l'homme vertueux leur fait quelques observations, ils répondent : c'est la loi. Il est malheureux que l'on emprunte quelquefois les termes du pouvoir sous l'apparence de l'intérêt du gouvernement. Il voudrait rendre leur fonction privilégiée pour devenir les exécuteurs arbitraires des lois, sans jamais y faire une restauration exigée par le temps, pour améliorer les lois et donner des institutions nationales pour rappeler l'homme à la vertu.

Par de bonnes lois, sanctionnées par le vœu du peuple et ses représentans, à qui seuls il doit être permis de casser ou de refaire une loi, ou de restaurer la constitution. C'est à eux que doit être conservé la gloire de notre siècle, et tout bon Français doit éloigner tout esprit de parti, et travailler au bonheur de la nation.

Les peuples éclairés par la vexation et par les vicissitudes, cherchent à améliorer leur sort ; il serait à souhaiter que les représentans de la force nationale puissent rétablir un pouvoir national, et l'honneur que chaque Français devrait chercher à obtenir, sera celui d'avoir servi son souverain, sa patrie et ses concitoyens ; et les intérêts du gouvernement doivent dépendre des intérêts de la nation, car la nation fait un gouvernement, et un gouvernement ne fait pas une nation, mais fait souvent sa perte par des intérêts partiaux.

Les ministres ne doivent pas avoir part aux délibérations des lois; ils doivent faire leurs observations dans un conseil de droit près la chambre des députés.

Par là, vous verrez s'anéantir et disparaître cet esprit de parti, souvent dicté par l'ambition aux dépens de l'intérêt général et corrompre par les élections des députés, et l'indifférence qu'on a pour les pétitions.

Les lois civiles et criminelles, sont des remparts d'une longue expérience puisée dans les souvenirs et quelquefois contre l'intérêt national.

C'est pourquoi il faut former des vœux pour voir rétablir de bonnes lois, la confiance et les bonnes mœurs. On devrait donc nommer un conseil de droit près la chambre des pairs et la chambre des députés pour la révision des lois, car la jeunesse outragée et la justice avilie, nourrissent la vengeance; prenez garde que la vengeance ne marche avec l'ambition. Cette jeunesse qui doit être l'orgueil de la postérité, ne l'égarez pas du chemin du devoir par votre propre conduite, je veux dire, prenez garde que la vengeance ne marche avec l'ambition, car la jeunesse ne suit pas la route de l'expérience, c'est pourquoi elle arrête le pouvoir arbitraire des lois, il n'y aura qu'à changer de main, votre propre œuvre sera votre juge.

Oui, tous les crimes de la révolution ont été l'ouvrage des agens du pouvoir formant le gouvernement. La nation suivait quelquefois leurs ordres par force ou par crainte ou par un aveugle dévoûment.

Depuis Robespierre, jusqu'aujourd'hui que l'on exige un jugement de conscience, plus d'un se fera celui de Cambuse. La punition d'un agent du pouvoir doit être le double de celle d'un citoyen.

La justice est le sanctuaire de la vertu.

C'est la justice qui est la vengeresse du crime.

C'est donc la justice qui retient le coupable et le ramène à la vertu.

Mais cette justice qui devrait être le sanctuaire de la vertu, est le foyer de l'intrigue et du crime, et il faudrait les lois du croissant pour les ramener sur les principes chrétiens et les doctrines de son législateur divin.

Oui, sous le pouvoir arbitraire, le peuple est le jouet de l'ambition politique, guidé par l'intérêt particulier.

C'est pourquoi les juges ne devraient pas avoir le droit d'imposer silence aux accusés dans leur défense. En énumérant leur conduite passée, les mêmes juges font souvent peser sur l'accusé, des égaremens de jeunesse. Posez des bornes au pouvoir, et que toute tentative de trouble occasionnée par la mauvaise administration soit déclarée trahison à la patrie.

La responsabilité des juges est nécessaire; sans cela, vous verrez à l'avenir accourir tous les intrigans pour reprendre cet état et impunément courir à la fortune.

La négligence ou l'indifférence d'un employé en service est un crime dont les législateurs doivent faire mention dans les bulletins des lois de la responsabilité.

C'est pourquoi il serait à désirer qu'il fût établi un tribunal de révision et sans frais, où tous les jugemens seraient examinés de droit pour découvrir les vices ou les partialités des défenseurs.

Pour l'amélioration de notre constitution judiciaire, vous recommandez cette lenteur qui convient pour l'exécution des lois, mais nuisible dans les réformes des abus. Que l'homme de meilleure intention, de trente à quarante ans ne le soit plus à soixante, l'âge et les circonstances lui font contracter une lenteur naturelle. Mais l'ambition de la jeunesse sans expérience marche et suit l'intrigue du siècle, qui lui est peint sous des couleurs d'or. Par cette lenteur dans les réformes des abus, vous donnez le temps au vice de se garantir, et à l'homme coupable de se retirer après avoir consommé ses projets et satisfait sa rapacité.

Depuis long-temps, les cris d'indignation s'élèvent contre cette sorte d'hommes, qui, par l'usage des lois, se sont emparés des priviléges, pour sanctionner leur droit, et rendre leur jugement absolu, sans être responsables, en se rendant les organes de la loi, mot sacré et de combinaison.

Tout peuple en prospérité, ne s'aperçoit pas du danger par la vigueur de ses ressources. Ces hommes ont contribué et contribueront à la perte de la nation, car dans les jours de malheur, ils font leur moisson. C'est pourquoi il faut rendre responsables les agens du pouvoir envers la nation.

Nul ministre ne doit pouvoir destituer un préfet ou agens subalternes, sans que le disgracié ait le droit d'en appeler aux tribunaux.

Le gouvernement d'un despote est plus avantageux pour le peuple qu'un corps de gouvernement constitué sous l'intrigue des lois.

L'intérêt d'un despote frappe indistinctement les agens de ses ordres, et les plaintes du peuple sont écoutées.

Oui, ces prédicateurs du pouvoir absolu, sous le pouvoir d'un tyran, se garderaient bien de chanter ses louanges. Mais sous le règne d'un monarque qui se nomme le bien-aimé du peuple, ils prêchent le pouvoir absolu. Sous le manteau du souverain, ils voudraient exploiter leur intrigue par les lois de l'oppression pour agrandir leur fortune, en creusant la chute du trône et en sappant son premier appui qui est l'amour du peuple. La charge des ministres ou des intendans de la fortune publique est au-dessus de leur force, si vous exigez l'économie de l'emploi des trésors qu'ils prodiguent.

La France rapporterait un milliard de plus, ils trouveraient le moyen de faire la balance des revenues avec les dépenses.

C'est par le pouvoir de la justice qu'ils sont assurés de leur triomphe. Les ressources de l'État sont inépuisables, toutes les fois que l'intérêt de l'État n'est pas séparé de l'intérêt général.

La force nationale doit s'emparer de l'homme qui osera se servir du pouvoir pour attaquer la constitution nationale, avec la force armée et le traduire devant les autorités compétentes pour le juger.

La liberté de la presse sous des formes constitutionnelles, est la force de l'opinion publique, et la meilleure police pour faire connaître les opinions du peuple et la conduite des administrateurs.

Par là, vous empêcherez ces dépenses ruineuses et nuisibles à la société; et il deviendra inutile d'employer cette armée d'agens provocateurs qui ne s'entretiennent qu'à grands frais; la garde nationale, les commissaires d'arrondissement et de l'industrie suffiront pour maintenir la police.

Les commissaires de police doivent être nommés par les assemblées des arrondissemens et des départemens. Par ce moyen, vous détruirez cette hydre de police inquisitoriale, foyer des frais et amendes par surprise et vexation; ces jugemens téméraires où le citoyen n'a pas le droit de répliquer et de hasarder une réponse. On impose silence sous la force des baïonnettes, on double les frais et amendes pour avoir osé défendre la vérité ou relevé

l'erreur des juges, guidés par la force de la loi sous la terreur du pouvoir.

Les agens de police et de sûreté publique, doivent porter des signes distinctifs, et un uniforme, pour être reconnus du public, car il est notoire et prouvé que des
agens de police sous l'habit de citoyen ont souvent été
les provocateurs des troubles de la société.

La crainte d'être reconnus par des citoyens, où ils jouent
un rôle d'importance, les force à s'éloigner du lieu du
danger où tous les crimes et les désordres existent pour la
société; alors ils font le rôle de rapporteurs, sur des con-
versations qu'ils n'ont souvent entendu qu'à moitié.

Les plaintes et les observations des citoyens sont com-
mentées par ces agens du pouvoir qui en font un aliment
de discorde et de terreur.

La justice doit être indépendante des ministres, et
créée par l'Académie des droits, sur l'ancienneté de service et du talent jugée par elle, et responsable envers le
roi seul. Les juges sont sous la surveillance des représentans du peuple ou d'une commission de députés qui est
tenue de nommer pendant la session un jury indépendant pour vérifier les accusations et les dénonciations sur
la conduite des agens du pouvoir.

L'indépendance de la justice donnera la force aux juges de pouvoir refuser au chef de l'État, comme aux agens
du gouvernement, leur assentiment pour exécuter leurs
projets envers des hommes qui ont encore assez de vertu
pour divulguer les abus administratifs des courtisans.

Sa responsabilité indépendante doit être le palladium
de sa liberté, car ce n'est que l'esclave qui doit exécuter
aveuglément les ordres de son maître, et comme esclave,
il n'est que le bourreau passif de ses semblables.

Nul agent de police ni homme en place, ne peut servir en témoignage devant la justice sur serment, dans les matières politiques ; il ne doit avoir que le droit d'accuser, le jury celui d'examiner, et la justice indépendante celui de prononcer.

Nul homme en place ne pourra non plus être juré en matière politique ou mouvement populaire, qui sont souvent exécutés et excités par des agens dupouvoir.

Tout homme en place salarié du gouvernement, doit prêter serment, et par le droit de serment il ne pourra être destitué sans jugement ; il est de droit membre de la police civile comme agent du gouvernement : chaque branche d'administration doit porter un signe distinctif le jour de service par leur habillement ; l'administration doit être jugée comme responsable des membres composant le service qui lui est confié. Par ce moyen, le gouvernement établira la police de l'ordre social, sans être à la charge de l'État et des contribuables. On n'épuisera pas par cet essaim d'agens de police sans marques de distinction les ressources de l'État.

Jamais révolte nationale contre la vexation judiciaire n'a détruit la patrie. Mais le despotisme des agens du pouvoir sous la devise du gouvernement, ont souvent détruit la patrie pour satisfaire à leur intérêt particulier.

Les plaintes portées par le public, contre un agent du gouvernement, ne doivent pas rester sans jugement, quand même ses intentions n'auraient pas été criminelles.

Le roi peut convoquer un jugement contre tout membre des tribunaux ; mais il ne doit pouvoir destituer un juge sans avoir convoqué un conseil de l'Académie ou une des chambres ; de cette manière, vous ne verrez plus des hommes qui ont courbé leur front et ployé leurs genoux devant les idoles qui leur prodiguaient des faveurs, humiliés de leur faiblesse, aujourd'hui, ne vomir que rage et mépris, en appellant sur leur tête le jugement de la postérité.

Je laisse au roi et aux législateurs à considérer mes observations, et si je suis digne de leur protection, car il n'appartient pas à un homme de dicter des lois, mais il a le droit de donner ses idées.

C'est à cette représentation nationale qui doit réunir toutes les lumières comme toutes les croyances de la terre qui se réunissent dans le mystère d'un être suprême, que vous formerez une justice indépendante et de véritables lois. Par là vous apporterez un prompt remède contre les abus du pouvoir.

FIN.

PARIS. — IMPRIMERIE DE POUSSIN,
RUE DE LA TABLETTERIE, N° 9.